Dieses Buch ist ein Roman. Handlungen und Personen sind frei erfunden. Ähnlichkeiten mit lebenden oder toten Personen sind rein zufällig.

Das ewig Böse

Kriminalroman von
Martin Schüller nach
einem Drehbuch
von Rainer Matsutani

emons:

© Hermann-Josef Emons Verlag
Alle Rechte vorbehalten
© TV-Sendetitel und Logo: Das Erste / WDR
Agentur: WDR mediagroup licensing GmbH
Kriminalroman nach der gleichnamigen ARD-Serie »Tatort«
ARD-Tatort-Koordinator: Prof. Gebhard Henke,
Leiter des WDR- Programmbereiches Fernsehfilm, Kino und Serie
Tatort-Drehbuchautor: Rainer Matsutani
Umschlagfoto: WDR/Michael Böhme
Umschlaggestaltung: Weusthoff-Noël, Hamburg (www.wnkd.de)
Druck und Bindung: CPI – Clausen & Bosse, Leck
Printed in Germany 2010
ISBN 978-3-89705-748-7

Wir bedanken uns bei der Redaktion des Westdeutschen Rundfunks
und bei Rainer Matsutani für die freundliche Unterstützung.

Die Titelabbildung zeigt Jan Josef Liefers als Professor Karl-Friedrich
Boerne und Axel Prahl als Hauptkommissar Frank Thiel.

Unser Newsletter informiert Sie
regelmäßig über Neues von emons:
Kostenlos bestellen unter
www.emons-verlag.de

EINS

Herr Meier hatte nicht wirklich mit einem schönen Picknick gerechnet. Nicht, wenn er ehrlich war.

Ein Picknick hatte er erwartet, wie es eben war, am Waldrand, in der Schwüle, in Begleitung von vier Kindern im Alter von null bis vierzehn. Zumal den eigenen.

Wie zu erwarten war, hatte die Große alle mit ihrem Handy genervt, mit dem sie ununterbrochen beschäftigt war, während sie sich auf der Decke rekelte und ihre überschüssigen Pfunde zwischen der zu engen Jeans und dem zu engen T-Shirt zur Schau stellte.

Wie zu erwarten war, hatten die Jungs sich gestritten, wer von ihnen Bastian Schweinsteiger war, obwohl keiner der beiden es auch nur bis Preußen Münster bringen würde, geschweige denn zu den Bayern. Wahrscheinlich hatten sie das sportliche Talent ihres Vaters geerbt, der ihnen bis heute nicht gestanden hatte, dass er damals nicht Bezirksliga gespielt hatte, wie es der schon etwas tüdelige Opa immer erzählte. Sondern nur Kreisklasse. Zweite Kreisklasse, um genau zu sein.

Der Streit endete mit einem rüden Foul gegen den Kleinen, das Herr Meier mit der gelben Karte, nämlich der Androhung von Gameboyentzug, ahndete.

Fernsehverbot war nämlich so was von gestern, wie er hatte lernen müssen.

Trotzdem musste der Kleine den Rest des Tages Lukas Podolski sein, was er irgendwie nicht so richtig zu schätzen wusste und was zu etlichen Nickeligkeiten führte, die zu ahnden Herr Meier allerdings bald müde wurde.

Was gehörte noch zu so einem Picknick?

Insekten natürlich. Wespen, um der Großen Grund zu einem hysterischen Anfall zu geben, den sie auch sofort dankbar ausnutzte.

Ameisen, um über das mitgebrachte Essen herzufallen und seiner Frau Grund für vorwurfsvolle Blicke zu geben, dafür, dass er diesen Platz ausgesucht hatte und nicht einen anderen.

Als ob es da keine Ameisen gegeben hätte, dachte Herr Meier.

Ach ja, und Mücken, um ihn, Herrn Meier, am Fußknöchel zu stechen. Sie stachen ihn immer da. An der Stelle, an der dann immer die Socke über den Stich schubbelte, und die dann tagelang juckte.

Ein ganz normales Picknick also, wie es ein Familienvater eben geboten bekam, wenn die Sonne schien. Es gab sogar etwas Abwechslung, als einer der Jungs mit einem katastrophalen Fehlpass ins hohe Gras unter den Bäumen ein nur sehr leicht bekleidetes Pärchen aufschreckte, welches offenbar gerade erste Schritte in Sachen Familienplanung unternahm.

Herr Meier hatte, auch hier an diesem Ort, zu jener Zeit – also jener lange vergangenen Zeit – ganz ähnliche Unternehmungen betrieben. Aber seine Rolle als Familienvater forderte natürlich eine kurze, wenngleich lautstarke Empörung wegen der sittlichen Gefährdung seiner präpubertierenden Söhne.

Dieser Pflicht kam er nach, während er aufmerksam die Flucht der jungen Dame beobachtete, deren Rücken am unteren Ende von einem aufregend wirkenden Tattoo gezeichnet war.

Natürlich gehörte zu einem normalen Meier'schen Familienpicknick auch der geruchsintensive Windelwechsel bei der ganz Kleinen und der Aufzug einer grauen, schnell dichter werdenden Wolkenschicht, die das strahlende Wetter in ein trübes verwandelte.

Herr Meier sah sich veranlasst, konkrete Maßnahmen zu planen, um die Kollateralschäden im akzeptablen Bereich zu halten, die bei der, seiner Erfahrung nach wegen einsetzender Schauer anstehenden, Notfallevakuierung des Picknickplatzes entstehen würden.

Auch die Notwendigkeit dieser Planungen machten dieses Picknick nicht zu einem misslungenen. Es war immer noch ein ganz normales Meier'sches Familienpicknick.

Dass dann dieser Drachenflieger über den Bäumen auftauchte, war sogar eine schöne Abwechslung, zunächst. Die ganze Familie Meier schaute auf und sah dem Flieger zu, wie er eine gewagte Kurve flog. Sogar die Kleine krähte ganz aufgeregt.

Aber dass der Mann dann wie ein Stein vom Himmel fiel und mit sehr unschönem Splittern und Krachen und zudem mausetot mitten im Kreis der Familie auf den Boden schlug – das verdarb Herrn Meier dann doch den Nachmittag.

ZWEI

Die Stimme dieses Schwätzers, Pleikart oder wie der hieß, der die Laudatio hielt, drang schwach durch die Garderobentür. Er würde noch eine ganze Weile reden und so den Auftritt von Professor Dr. Karl-Friedrich Boerne noch weiter nach hinten verschieben. Das war bedauerlich, nach Lage der Dinge aber unvermeidlich. So ging es halt zu im Showbusiness.

Boerne überprüfte im Schminkspiegel der Garderobe den Sitz seiner Fliege. Er war als alter Hase schlau genug, das Beste aus der Situation zu machen, und beschloss, den Trick mit der Taube unter dem schwarzen Tuch noch einmal durchzugehen. Der hatte bei der letzten Probe doch ein wenig gewackelt.

»Als unser Firmengründer Franz Stettenkamp nach dem Krieg seine erste Backstube eröffnete, gab er sich nicht damit zufrieden, die besten Kekse im Land zu backen«, sagte Pleikart draußen ins Mikrofon. »Er, der sich aus einer armen Arbeiterfamilie emporgearbeitet hatte, wollte ein Beispiel geben für einen Unternehmer mit sozialer Verantwortung.«

Boerne hörte nicht zu. Soziale Verantwortung war zurzeit nicht sein Thema. Sein Thema war, eine lebende Taube dazu zu bringen, sich von ihm so in der Hand halten zu lassen, dass es nicht auffiel.

Leider konnte bei dieser speziellen Taube von professionellem Ehrgeiz keine Rede sein, obwohl es sich zugegebenermaßen um ein durchaus ansehnliches Exemplar derer aus der Familie der Columbiformes handelte.

Zu seinem großen Unmut reagierte das Tier auf Boernes Versuch, ihm zu einer bühnentauglichen Existenz zu verhelfen, mit völlig unangemessenem hysterischem Geflatter, das es am Ende sogar aus Boernes Griff befreite und hektisch durch die Garderobe flattern ließ.

»Franz Stettenkamp startete eine Initiative, die in Deutschland für einiges Aufsehen sorgte«, tönte Pleikart draußen auf der Bühne, aber Boerne hatte anderes zu tun.

»Franz Stettenkamp wollte Ausbildungsplätze für diejenigen schaffen, die eine zweite Chance brauchen: Jugendliche, die mit dem Gesetz in Konflikt gekommen sind und ihr Dasein in Heimen oder auf der Straße fristen müssen ...«

Silke Haller stand in der Kulisse und blickte durch den Vorhangspalt ins Publikum. Dr. Pleikart war leider kein begnadeter Redner, und die Atmosphäre war nicht wirklich das, was man prickelnd nennen durfte. Im Saal befanden sich drei Dutzend Auszubildende, deren Abschlüsse hier heute gefeiert wurden, und mindestens fünf Dutzend Polizisten, die mitfeierten, weil die Firma Stettenkamp sie eingeladen hatte, und die sogar gern gekommen waren – denn keiner von ihnen hatte damit gerechnet, dass auch nur einer dieser Burschen es mal zum Facharbeiter bringen würde.

Dazu kam die Familie Stettenkamp, die allerdings noch nicht vollständig vertreten war. In der ersten Reihe saßen nur Cornelius Stettenkamp, Professor der Philosophie, und seine Gattin Sieglinde, die Erben von Franz Stettenkamps Keksimperium, neben ihnen waren zwei Stühle bisher leer geblieben.

In der zweiten Reihe saß Staatsanwältin Klemm an der Seite eines langsam, aber sicher eindösenden Hauptkommissar Thiel.

Silke Haller zog den Spalt im Vorhang wieder zu. Es sollte keine allzu große Schwierigkeit werden, den Saal in den Griff zu bekommen. Nach einer solch trockenen Rede waren die Leute immer bereit, sich ablenken zu lassen. Sogar durch Boernes Anfängertricks.

Sie rückte ihren paillettenbesetzten Zylinder zurecht, der sie, neben den unterarmlangen Seidenhandschuhen und dem roten, ärmellosen Glitzerkleid, als die Assistentin des Maestros auswies und den sie nur trug, weil er so unverschämt teuer gewesen war. Nach Boernes Gefühl hätte es auch ein einfacher Zylinder oder eine Häkelmütze sein können, aber sie hatte ihm die Pistole auf die Brust gesetzt:

Keine Pailletten, keine Assistentin.

Eigentlich war sie nämlich nicht sehr scharf darauf gewesen, Boernes Macken und Überheblichkeiten auch nach Feierabend und außerhalb des Obduktionssaales zu ertragen.

Boerne hatte was von zu großem Hut und zu kleinem Kopf gesagt, aber am Ende hatte er ihn ihr kaufen müssen. Zähneknirschend.

Wie immer also.

Mittlerweile hatte sie sich tatsächlich an den Hut gewöhnt. Immerhin machte er sie einen ganzen Kopf größer – er brachte sie also fast auf einen Meter vierzig.

»Alberich!«, schrie es plötzlich hinter der geschlossenen Garderobentür. Offenbar war der Maestro in irgendwelchen Schwierigkeiten. Als sie die Tür öffnete, flatterte Agathe, die Requisitentaube, über sie hinweg. Es ging derart schnell, dass Haller nichts blieb, als ihr überrascht hinterherzuschauen. Die Taube verschwand sofort im Trägergewirr des Schnürbodens. Nur eine einsame weiße Feder segelte sanft zu Boden.

»Müssen Sie *jetzt* gerade die Tür aufmachen?«, zischte Boerne, die Fäuste wütend gegen die Hüften gestemmt.

Silke Haller ersparte sich die Bemerkung, dass sie die Tür nur auf sein Rufen hin geöffnet hatte.

»Ich hol dann mal das Kaninchen«, sagte sie stattdessen.

»… und Franz Stettenkamp, der, wie Sie sicher alle wissen, vor drei Monaten verstarb, wäre stolz, heute an diesem Tage bei uns zu sein.«

Hauptkommissar Thiel schreckte auf, als sein Kopf gegen ein weiches Hindernis stieß. Es war Staatsanwältin Klemm, die ihn ärgerlich und dabei gleichzeitig kauend ansah.

Sie hatte die Packung Stettenkamp-Konfekt, die die Damen am Eingang als Präsent erhalten hatten, geöffnet und, wie Thiel mit halbem Auge erkennen konnte, sich zum größten Teil bereits einverleibt.

Thiels Lider sanken wieder nach unten. Mühsam unterdrückte er ein Gähnen.

»Denn heute hat der hundertste Auszubildende seine zweite Chance genutzt und erfolgreich seine Lehre bei der Stettenkamp GmbH abgeschlossen …«

Pleikart verstummte und Thiel sah auf. Hinter ihnen, vom Eingang her, kam ein Gemurmel. Er drehte sich um und sah Helena Stettenkamp, die schöne junge Tochter des Hauses, die ihren Bruder Boris in Richtung der ersten Reihe bugsierte. Der nicht mehr ganz so junge Mann wirkte für den noch sehr frühen Abend doch arg angeheitert. Er trug einen legeren Anzug und wurde von zwei ebenso jungen wie hübschen Frauen gestützt, um die er seine Arme gelegt hatte.

Pleikart sah die Gruppe erbost an, worauf eine der

Damen ihn militärisch grüßte. Boris Stettenkamp lachte hustend und hauchte ihr einen Kuss auf die Wange, während er grußlos an seinen Eltern vorbei auf die beiden freien Stühle direkt vor Thiels Nase zutaumelte.

Mit Gesten, die freundlich wirkten, die aber keinen Widerspruch zuließen, verscheuchte er zwei Polizisten, die auf den Stühlen daneben saßen und sich auch tatsächlich andere Plätze suchten, um Platz für Boris' charmante Begleitung zu machen. Die beiden Damen ließen sich kichernd neben ihrem Gastgeber nieder.

Helena Stettenkamp beugte sich zum Ohr ihrer Mutter hinunter.

»Er war im ›Casino‹. Bitte reg dich nicht auf«, sagte sie. Obwohl sie leise sprach, konnte Thiel es verstehen.

Vorn nahm Pleikart seine Rede wieder auf, als Helena Stettenkamp auch Platz genommen hatte und die Störung endlich vorüber war. Er sprach über die Erfolgsgeschichten ehemaliger Auszubildender, deren Karrieren im Keksgeschäft und ihre glücklichen Familien.

»Und das alles dank Franz Stettenkamp. Das, meine Damen und Herren, ist doch einen Applaus wert«, endete er.

Das Publikum applaudierte brav. Besonders laut und begeistert taten sich dabei Boris Stettenkamp und seine Begleiterinnen hervor.

Auf der Bühne wandte sich Pleikart dem überlebensgroßen, mit einem Trauerflor versehenen Porträt des jüngst verstorbenen Firmenpatriarchen zu, das auf einer Staffelei neben ihm stand. Er deutete eine Verbeugung an.

Als der Applaus gerade abgeebbt war und Pleikart weiterreden wollte, begann Thiels Handy »Auf der Reeperbahn nachts um halb eins« zu piepen. Pleikarts Blicke schleuderten Blitze, und Thiel beeilte sich, das Gespräch anzunehmen.

Es war Nadeshda.

»Chef, es gibt Arbeit«, sagte sie.

***

»Ich hoffe, es handelt sich hier um mehr als einen Flugunfall und ich bin nicht umsonst hier. Ein Magier braucht schließlich auch Übung«, sagte Boerne, als er den Porsche am Rande der Lichtung abstellte.

Hier parkten drei Polizeiwagen, aus denen uniformierte Kollegen Absperrbänder und Material zur Spurensicherung ausluden und auf die Lichtung trugen. Dort lag neben den Trümmern des abgestürzten Flugdrachens der Körper des toten Piloten.

Thiel stieg etwas mühsam aus dem niedrigen Gefährt und warf die Beifahrertür zu.

»Was ziehen Sie denn so aus dem Hut?«, fragte er. »Taube oder Kaninchen?«

»Ähm …« Boerne zögerte etwas. »Im Moment eher Kaninchen, denk ich«, sagte er dann leichthin.

Neben dem Wrack des Fluggerätes stand die Familie, die unmittelbar Zeuge des Geschehens geworden war. Sichtlich eingeschüchtert drängten sich Mutter und Kinder an das Familienoberhaupt, das heldenhaft aufrecht im Chaos stand.

Nadeshda stand bei ihnen, und Thiel ging einfach mal davon aus, dass sie die Herrschaften schon ausreichend befragt haben würde. Er hatte jedenfalls keine Lust, sich Gejammer über ein ruiniertes Sonntagspicknick anzuhören. Boernes Klagen über die Unterbrechung seiner Showvorbereitungen reichten ihm dicke.

»Sie werden es nicht glauben«, sagte der Professor gerade, während er in seinem Bühnenfrack über die Wiese stolzierte, »aber ich habe mir als Student auf diese Weise meine Miete verdient und so manchen Saal zum Toben gebracht.«

Beim Wort »Miete« zuckte Thiel innerlich zusammen, es gelang ihm aber, sich nichts anmerken zu lassen.

»Apropos Miete«, sagte Boerne dann auch prompt. »Sie schulden mir noch zwei Monatsmieten.«

Thiel steckte die Hände in die Jackentaschen. »Ich hab die Bank gewechselt«, murmelte er, »die haben wohl irgendwas durcheinandergebracht. Ich weiß auch nicht ...« Er zuckte die Achseln. »Vielleicht haben die mich mit meinem Vater verwechselt. Ich probier's Montag noch mal.«

Boerne kniff skeptisch die Augen zusammen, beharrte aber zu Thiels Erleichterung nicht auf dem Thema.

»Geben Sie mir doch mal einen Handschuh«, sagte Boerne zu einem der Spurensicherer. Er zog sich den Kunststoffhandschuh über, den der Mann ihm gehorsam aus seinem Alukoffer reichte, und beugte sich zu der Leiche hinunter.

Nadeshda trat zu ihnen. »Tobias Böhm, ist gerade fünfundzwanzig geworden. Ich kenn ihn von früher, als ich das Praktikum bei der Drogenfahndung gemacht habe.«

Thiel sah sie milde überrascht an.

»Wir haben ihn verhaftet, weil er heimlich in der Apotheke seines Vaters synthetische Drogen hergestellt hat.«

Sie reichte Thiel zwei kleine, durchsichtige Tüten. Die eine enthielt den Personalausweis des Toten, die andere war gefüllt mit bunten Pillen. Thiel inspizierte sie mit gerunzelter Stirn.

»Habt ihr die bei ihm gefunden?«

Nadeshda nickte.

»Na, das erklärt doch einiges«, grummelte Thiel. Etwas besorgt sah er zu Boerne hinunter. Ganz wie zu erwarten war, schnellte der Professor mit äußerst gereiztem Ausdruck aus seiner gebückten Haltung und funkelte Nadeshda an.

»Sagen Sie mal, Frau Krusenstern, und *deswegen* holen Sie uns hierher?«

Nadeshda sah ihn verständnislos und leicht verängstigt an.

»Der Kopf ist gerötet, hektische Flecken im Gesicht, die Pupillen sind immer noch erweitert«, blaffte Boerne sie an. »Das sieht doch *alles* nach 'ner Überdosis aus. Kann Alberich sich doch am Montag drum kümmern.«

Indigniert ließ er den Handschuh zu Boden fallen und marschierte zu seinem Wagen.

Thiel sah ihm kopfschüttelnd nach. »Wieso Montag?«, rief er ihm hinterher. »Und wieso Alberich?«

Boerne unterbrach nur sichtlich widerwillig seinen Marsch und drehte sich zu ihnen um.

»Weil heute *Sonntag* ist«, sagte er in dem Ton, in dem ein Professor mit den Trotteln zu reden pflegt, die ihn umgeben. »Und weil Alberich *immer* die Drogentoten bekommt. So, und jetzt schlage ich vor, wir fahren wieder zurück.«

»Nu 'n Moment mal«, sagte Thiel.

»*The show must go on*«, stellte Boerne fest, aber diesmal war es Thiel, der ihm den Rücken zukehrte.

»Schauen Sie«, sagte er leise zu Nadeshda, »es sieht wirklich nach einem Unfall durch Überdosis aus.«

Nadeshda verzog den Mund. »Tut mir leid«, sagte sie, ebenfalls leise. »Ich hab gedacht, weil, der Typ –«

»Ja, schon gut«, fiel Thiel ihr ins Wort. Er wies über die Schulter auf die Familie, die sich immer noch neben dem abgestürzten Drachen aneinanderdrängte. »Haben Sie die Personalien aufnehmen lassen?«

»Natürlich.«

»Gut«, sagte Thiel. »Wo ist der Mann eigentlich gestartet?«

»Es gibt da so einen Hügel, knapp zwei Kilometer von hier.«

Thiel drückte Nadeshda das Tütchen mit den Pillen in die Hand. »Gucken Sie sich den noch an. Vielleicht finden Sie da ja noch was. Wir sehen uns morgen.«

Nadeshda nickte. Sehr glücklich wirkte sie nicht.

Aber sehr glücklich wirkte auch Thiel nicht, als er zu dem ungeduldigen Zauberer ins Auto stieg. Wenn Boerne erst jetzt mit seinen Nummern anfing, würde er niemals bis zur Sportschau zu Hause sein.

Für die Lindenstraße würde es vielleicht noch reichen, dachte er. Na prima.

***

Man hatte die unerwartete Abwesenheit des Hauptdarstellers überbrückt, indem man die Eröffnung des Buffets vorgezogen hatte. Thiel sah ärgerlich auf die anscheinend vor Kurzem noch reich gefüllten Platten und Rechauds und versuchte, aus den verbliebenen Resten noch so etwas wie eine Mahlzeit zusammenzubekommen. Das Resultat war für seine Begriffe nicht wirklich befriedigend. Aber immerhin war es umsonst, was im Moment durchaus ein Faktor war.

Auf jeden Fall verpasste er den Anfang von Boernes Auftritt als Magier. Durch die offene Saaltür war zu hören, dass der Professor mit seiner Show tatsächlich Anklang fand.

Trotzdem aß Thiel in Ruhe auf, was man ihm übrig gelassen hatte, bevor er wieder hineinging. Auch wenn es mehr Salat als Fleisch und mehr Gemüse als Fisch war.

Als er sich, Entschuldigungen murmelnd, wieder auf seinen Platz in der Mitte der zweiten Reihe zurückbugsierte, sah Frau Klemm ihm erwartungsvoll entgegen. Offenbar war sie an eine zweite Schachtel Stettenkamp-Konfekt gelangt, denn die erste konnte unmöglich so lange gehalten haben.

»Und?«, fragte sie und schob sich ein mit Schokolade überzogenes Keksröhrchen in den Mund.

Thiel hätte am liebsten gefragt, ob er eins abbekommen könnte, fing sich aber gerade noch.

»Wahrscheinlich ein Drogentoter«, sagte er, während er auf der Suche nach einer möglichst bequemen Sitzposition auf seinem Stuhl hin und her rutschte.

»Das mein ich nicht«, brummte die Staatsanwältin in ihrem Raucherbass. »Wie finden Sie Boerne?«

»Bezaubernd«, sagte Thiel.

Mit verschränkten Armen saß er auf seinem Stuhl, eingequetscht zwischen der Kekse futternden Staatsanwältin und einem übergewichtigen Auszubildenden, der wirkte, als habe er seine Lehrzeit zum größten Teil in Stettenkamps Probierabteilung verbracht, und der so blöd zur Bühne glotzte, dass Thiel annahm, er glaube, dass der Mann da vorn aus Hogwarts käme.

Boerne zog Silke Haller gerade ein Stofftuch aus dem Ohr, was in der Tat einigermaßen beeindruckend wirkte, wie Thiel leicht verwundert bemerkte. Haller lächelte ins Publikum und wirkte ganz bezaubernd, was möglicherweise an dem beeindruckenden Paillettenzylinder lag, den sie auf dem Kopf trug.

Vor Thiel in der ersten Reihe saß nun Helena Stettenkamp neben Dr. Pleikart, dem Geschäftsführer der Stettenkamp'schen Keksfabrik, der eben noch den Großvater der jungen Frau in so hohen Tönen gelobt hatte. Thiel musste sich ein wenig recken, um an der hochgewachsenen Blondine vorbei auf die Bühne sehen zu können, auf der Boerne gerade tatsächlich ein lebendes und dazu noch ziemlich gut genährtes Kaninchen aus seinem Zauberzylinder hervorholte.

Thiel wunderte sich etwas über Boernes säuerlichen Gesichtsausdruck. Er hatte die Vorführung für gelungen gehalten. Das Publikum jedenfalls war aus dem Häuschen. Namentlich Boris Stettenkamp bekam sich nicht mehr ein vor Begeisterung und schlug der Brünetten neben ihm ein ums andere Mal die flache Hand auf die Schulter. Die Blondine auf der anderen Seite küsste er derweil auf den Mund.

Man konnte sagen, dass wenigstens diese drei ihren Spaß hatten.

Nun verdunkelte sich der Raum. Lichtpunkte schwirrten über Decke und Wände. Boernes Gesicht wurde nur noch von unten beleuchtet und schien geisterhaft über der Bühne zu schweben.

»Das Unbewusste hat seine eigene Magie, meine Damen und Herren«, raunte die Stimme des Professors über die Sphärenklänge hinweg, die dazu aus den Lautsprechern trieften.

Thiel bemerkte eine Bewegung vor sich. Als er den Blick senkte, sah er, dass Pleikart die relative Dunkelheit nutzte, um seine Hand auf Helena Stettenkamps Oberschenkel zu schieben. Von dort wurde sie allerdings durch einen entschiedenen Griff Helenas umgehend wieder verscheucht.

Thiel runzelte die Stirn. Er schätzte Helena Stettenkamp auf zwanzig, höchstens zweiundzwanzig Jahre. Pleikart war mindestens fünfzehn Jahre älter, wenn nicht mehr.

Na ja, dachte er. Für Geschmacksfragen bin ich ja Gott sei Dank nicht auch noch zuständig.

»Das Unbewusste«, raunte Boerne derweil weiter, »eine Kraft, die wir kaum kennen ... und noch weniger *verstehen* ... und die trotzdem allgegenwärtig und ... *mächtig* in uns wirkt.« Das Licht wurde wieder ein wenig heller. Boerne sah auffordernd ins Rund. »Ich bitte jetzt zwei Freiwillige hier hoch zu mir auf die Bühne ...«, sagte er.

Er hatte den Satz noch nicht ganz zu Ende gesprochen, als Boris Stettenkamp bereits von seinem Sitz hochschnellte.

»Ja! Hier!«, rief er. Er grinste trunken und reckte völlig überflüssigerweise noch den Arm in die Luft, als habe er Angst, jemand könnte ihn übersehen und dieses Vergnügens berauben.

Boerne griff leicht irritiert an die Krempe seines Zylinders, mit einem so hochkarätigen Freiwilligen hatte er nicht gerechnet. Aber er fing sich schnell.

»Boris Stettenkamp, meine Damen und Herren«, sagte er mit großer Geste.

Boris Stettenkamp griente glücklich ins Publikum. Seine Schwester stand auf und trat rasch zu ihm.

»Was soll das?«, hörte Thiel sie ihm ins Ohr zischen. »Musst du denn ...?«

Der Rest ging unter in Applaus und Boernes erfreuter Ansage: »Und seine reizende Schwester Helena! Applaus bitte für die Sprösslinge unseres großzügigen Sponsors.«

Alles applaudierte, auch Thiel, der erleichtert war, dass es jemand anders als ihn erwischt hatte. Was immer Boerne da oben vorhatte, er hatte keine Lust, das Opfer zu sein – denn das passierte sowieso oft genug, und ihm war es lieber, wenn dabei so wenig Leute wie möglich zuschauten.

Er sah zu den Eltern der beiden Stettenkamps hinüber. Die Miene von Sieglinde Stettenkamp unter ihrer strengen schwarzen Kopfbedeckung war eisig. Ihr Mann Cornelius sah zur Decke, als gäbe es da etwas zu sehen.

Außer ihrer Tochter und Thiel schien das allerdings niemand zu bemerken. Boris ignorierte es zumindest souverän, und Boerne war mit seiner Rolle als Entertainer viel zu ausgefüllt, um solche Feinheiten der Publikumsreaktion wahrzunehmen.

»Meine Damen und Herren«, deklamierte er. »Schon seit ewigen Zeiten reist der Mensch mittels der Hypnose in jenes geheimnisvolle Reich im Tiefsten seines Inneren ...«

Dr. Pleikart stand auf und verließ seinen Platz in der ersten Reihe. Vielleicht teilte er Thiels Bedenken und wollte im Zweifelsfalle lieber weit genug von der Bühne entfernt sein, falls etwas schiefging.

Und nach Thiels Erfahrung ging eigentlich immer was schief. Zumindest wenn man es nicht einplante. Pleikart jedenfalls verzog sich in Richtung Ausgang.

»Boris und Helena?«, fragte Boerne nun mit gehobener Stimme. »Seid ihr bereit, diese Reise mit mir anzutreten?«

»Ja«, antwortete Boris entschieden und stupste seine Schwester aufmunternd an. Sie verdrehte leicht genervt die Augen, machte aber schließlich gute Miene zum bösen Spiel und nickte ergeben.

Aus der Kulisse trug nun Haller mit ausgestreckten Händen eine rotierende Leuchtkugel herein. Bunte Lichter drehten sich schnell im Kreis und ließen die Gesichter der Menschen auf der Bühne unwirklich aufflackern.

»Schaut jetzt nur noch auf dieses Licht«, sagte Boerne, und die beiden Geschwister taten gehorsam, was er ihnen sagte. »Seht, wie es sich dreht und dreht und dreht ...« Boernes Stimme wurde sanft und gleichzeitig eindringlich. »Eure Augen werden langsam müde ... konzentriert euch nur auf dieses Licht ...«

Tatsächlich sanken den beiden Probanden im Abstand von wenigen Sekunden die Lider herab.

»Hört meine Stimme«, sagte Boerne. »Ihr hört meine Worte, und die Worte dringen in euch ein. Ihr spürt keine Widerstände mehr ... eure Augen werden langsam immer schwerer, immer müder ... sie schließen sich ganz von selbst ...«

Als Boerne seine Rede verklingen ließ, standen Bruder und Schwester mit geschlossenen Augen auf der Bühne und schienen nichts mehr von dem wahrzunehmen, was um sie herum geschah.

Boerne trat zu Boris Stettenkamp und fuhr mit der Hand vor dessen Augen herum. Er reagierte nicht. Als Boerne ihn am Arm fasste und in die Mitte der Bühne dirigierte, folgte er ohne jede Regung.

»Boris, dein Körper wird nun steif, immer steifer, hart wie ein Brett. Ich zähle nun bis drei, und du lässt dich einfach nach hinten fallen. Eins, zwei, drei.«

Erstaunt sah Thiel zu, wie Boris Stettenkamp seinen gestreckten Körper gehorsam nach hinten fallen ließ, ohne zu wissen, ob ihn jemand auffangen würde. Aber natürlich fasste Boerne ihn an den Schultern und hielt ihn fest. Nun trat Haller heran, fasste Boris' Fußgelenke und hob sie an. Tatsächlich blieb Stettenkamp absolut steif. Boerne und Haller trugen ihn wie ein Brett zu zwei Stühlen, die Haller zuvor in Position geschoben hatte. Boerne legte den Kopf auf dem einen, Haller die Fußgelenke auf dem anderen ab.

»Boris, du bist ganz fest und stark. Nichts kann dich brechen«, sagte Boerne zu ihm, und tatsächlich blieb Stettenkamp absolut gerade liegen.

»Voilà!« Boerne wandte sich mit großer Geste ans Publikum. »Die ›kataleptische Brücke‹.«

Erstauntes Gemurmel kam aus dem Publikum, dann Applaus. Auf Thiel hatte der junge Stettenkamp keinen besonders durchtrainierten Eindruck gemacht, und er vermutete, dass der Mann morgen einen mächtigen Muskelkater haben würde. Thiel klatschte heftig.

Nun wandte sich Boerne an Helena Stettenkamp.

»Helena, eine kleine Waldfee ...«

Haller trat zu ihr und fasste sie bei der Hand.

»... eine ganz *erstaunlich* kleine Waldfee kommt zu dir. Sie führt dich in dein Zimmer nach Hause und setzt dich auf dein Bett.«

Wie zuvor ihr Bruder folgte Helena Stettenkamp gehorsam. Haller dirigierte sie zu dem nach wie vor brettsteif daliegenden Boris und setzte sie mitten auf ihm ab, als sei er die Sitzfläche einer Bank. Haller saß auf ihrem Bruder und starrte ins Publikum, von dem sie trotz weit aufgerissener Augen offenbar nichts wahrnahm.

Thiel zog erstaunt die Brauen hoch. Boris Stettenkamps Körper hatte nicht im Geringsten auf die Last reagiert. Unverändert lag er da. Es würde ein wirklich mächtiger Muskelkater werden.

Boerne trat zu Helena und beugte sich zu ihrem Ohr.

»Du kannst nicht schlafen«, flüsterte er ins Mikrofon. »Du schaust aus dem Fenster, wo der Mond den Nachthimmel erhellt, und ein altes Kinderlied fällt dir ein. Die Melodie geht dir nicht mehr aus dem Kopf. Aber wie war noch mal der Text? Ich helfe dir. La-le-lu …«, sang er Helena leise ins Ohr, und sie öffnete den Mund und sang mit heller Stimme das Kinderlied weiter.

»… nur der Mann im Mond schaut zu, wenn die kleinen Babys schlafen, dann schlaf auch du …«

Leises, gerührtes Gelächter klang aus dem Publikum. Thiel sah zu den Eltern. Cornelius Stettenkamp lächelte tatsächlich sanft, als erinnere er sich daran, seiner Tochter das Lied selbst vorgesungen zu haben. Das Gesicht seiner Frau dagegen zeigte die gleiche stählerne Kühle wie schon den ganzen Abend über. Fast wirkte es so, als widere es sie an, ihre Tochter dort oben zur Schau gestellt zu sehen.

Plötzlich unterbrach Helena ihren Gesang.

»Großvater?«, sagte sie erstaunt.

Boerne sah sie überrascht an. Offenbar gehörte das nicht zur Nummer. Aber seine interessierte Miene zeigte Thiel, dass er sofort von Showman auf Wissenschaftler umgeschaltet hatte. In Thiels Augen waren die Unterschiede zwischen den beiden allerdings recht undeutlich.

»Großvater? Bist du das? Ich höre einen Streit. Großvater schreit ganz laut …« Immer noch starrte Helena mit weit aufgerissenen Augen vor sich hin. Doch plötzlich erhob sie sich. »Großvater!«, rief sie nun laut in den Saal. »Was ist denn da unten los?«

Thiel bemerkte, dass Sieglinde Stettenkamp einen alarmierten Blick mit ihrem Mann tauschte. Thiel sah zu Klemm, sie hatte es ebenfalls gesehen und zog die Brauen hoch.

Helena trat nun an den Rand der Bühne, und Boerne beeilte sich, ihr den Weg frei zu machen.

»Ich muss runtergehen ... ins Erdgeschoss.« Zögernd ging sie weiter, als sehe sie eine Treppe vor sich. Boerne ging neben ihr her und hielt ihr sorgsam das Mikrofon vor den Mund, damit das Publikum auch ja nichts von diesem außergewöhnlichen Vorgang verpasste.

»Großvater ist im Wohnzimmer ...« Helena stieg von der Bühne herab in den Zuschauerraum. »Großvater ...? Da ist noch jemand im Raum, aber ich sehe ihn nicht.« Tastend schritt sie weiter, Boerne blieb neben ihr.

»Oh, Gott ... Da kommt Großvater ... Er bricht zusammen.« Ihre ohnehin aufgerissenen Augen weiteten sich noch mehr. Die Stimme wurde schrill. Thiel beugte sich vor.

»Er schreit! Er hat Schmerzen! Großvater!«

Sie sank auf die Knie und starrte den Boden an, als sehe sie ihren Großvater dort liegen. »Großvater, was ist passiert? Sag doch was!«

Sie senkte den Kopf weiter, als lege sie ihn auf die Brust des imaginären Mannes.

»*Was* sagst du ...? Vergiftet?«

Erschrocken richtete sie sich wieder auf. Beim Wort »vergiftet« hatte sich nicht nur Thiel erhoben. Auch Cornelius Stettenkamp war aufgestanden, und vom Ende des Saales her kam Pleikart herangespurtet

»Aber *wer* hat dich vergiftet? Wer?«

Cornelius Stettenkamp versuchte, an seine Tochter heranzutreten, aber Boerne wehrte den Versuch ab.

»Nein!«, schrie Helena, Entsetzen stand in ihrem blinden Blick. »Nein, nein! Großvater! Oh Gott ... er ist tot ... tot ... tot ...«

Pleikart kam heran.

»Rühren Sie sie nicht an«, sagte Boerne scharf, aber er wurde von Pleikart einfach beiseitegerempelt.

»Nein! Nein! Nein!«, schrie Helena noch, dann fiel sie bewusstlos in Pleikarts Arme.

In dem Durcheinander um sie herum ließ Pleikart sie zu Boden gleiten. Stimmengewirr erfüllte den Raum.

Thiel war als einer der wenigen an seinem Platz geblieben. Eine andere war Sieglinde Stettenkamp.

***

Boerne hatte alle Unbeteiligten aus dem Raum gewiesen, aber es blieb auch so immer noch ein halbes Dutzend Leute, darunter Thiel, auch wenn sich seine Beteiligung in der Zurverfügungstellung seiner Windjacke erschöpfte. Boerne hatte sie zusammengerollt und der Ohnmächtigen unter den Kopf geschoben, nachdem er und Pleikart sie auf dem Tisch in der Garderobe abgelegt hatten.

Boris und Cornelius Stettenkamp waren da, ebenso Pleikart und Staatsanwältin Klemm. Boerne kümmerte sich um die Ohnmächtige. Er kühlte ihr mit feuchten Tüchern die Stirn und fühlte ihren Puls, bis sie nach einigen Augenblicken die Augen wieder aufschlug.

Offensichtlich desorientiert fuhr ihr Blick langsam durch den Raum.

»Was ist passiert?«, murmelte sie.

»Sie sind kollabiert«, stellte Boerne sachlich fest.

»Was?« Sie richtete sich auf. Sofort entfuhr ihr ein schmerzerfülltes Zischen, und sie fasste sich mit der Hand an die Stirn.

»Wie geht's dir?«, fragte ihr Vater und stützte sie.

»Mir ist schwindelig«, antwortete sie leise.

»Sie haben Helena in eine lebensgefährliche Trance

geführt«, sagte Pleikart zu Boerne in einem Ton, der sich sehr nach Geschäftsführer anhörte. »Das wird Konsequenzen haben.«

Der Professor reagierte auf Pleikarts Ton, wie man es von ihm erwarten konnte.

»Sie haben völlig recht«, sagte Boerne kalt und starrte Pleikart in die Augen. »Das wird Konsequenzen haben. Ich und zig andere Leute wurden soeben Zeugen eines Mordes, der in der Vergangenheit geschah.«

»Sie sind ja verrückt!«, entfuhr es Pleikart.

Cornelius Stettenkamp lachte auf. Boris schüttelte grinsend den Kopf, er wirkte amüsiert.

»Was erwarten Sie?«, dröhnte Klemms Bass durch den Raum. »Sechzig Prozent der Zuschauer heute Abend arbeiten bei der Polizei. Und sie haben ziemlich oft das Wort ›vergiftet‹ gehört.«

»Und wer sind *Sie*?«, blaffte Pleikart sie an, aber auch diesen Punkt konnte er natürlich nicht machen.

»Wilhelmine Klemm«, erhielt er süffisant zur Antwort. »Oberstaatsanwaltschaft Münster.«

Pleikart verzog wütend den Mund.

Helena sah verblüfft in die Runde.

»Wovon redet ihr alle?«, fragte sie verständnislos.

»Sie haben uns heute Abend erzählt, dass Ihr Großvater vergiftet wurde«, sagte Thiel.

»Großvater?« Sie sah hilfesuchend über die Schulter zu ihrem Bruder. Der zuckte die Achseln.

»Können Sie sich noch an *irgend*etwas erinnern?«, fragte Thiel.

Sie runzelte die Stirn nachdenklich, dann schüttelte sie den Kopf.

»Nein«, murmelte sie. »Das Licht, die Stimme … und dann wurde ich plötzlich so müde …«

Mit entschlossener Miene trat ihr Bruder an ihre Seite. »Komm«, sagte er und half ihr von dem Tisch hoch. »Lass uns nach Hause gehen.«

Sie stand auf und klammerte sich an seinen Arm.

»Sie entschuldigen uns«, sagte Boris in Richtung von Thiel und Klemm. Cornelius Stettenkamp folgte den beiden.

»Papa, wo ist denn die Mama?«, fragte ihn seine Tochter.

»Sie … sie ist schon nach Hause gegangen«, sagte er und geleitete sie hinaus.

Pleikart folgte den dreien. In der Tür drehte er sich noch einmal um und funkelte Boerne an.

»Sie werden von unseren Anwälten hören«, sagte er.

Klemm trat neben Boerne und deutete mit einer entspannten Geste auf ihr Dekolleté. »Die sollen sich bitte direkt an mich wenden«, sagte sie mit einem kühlen Lächeln.

»Danke schön«, sagte Boerne, nachdem der Stettenkamp-Clan den Raum verlassen hatte. »So viel Zuspruch bin ich von Ihnen gar nicht gewohnt.«

»Ich habe meine Gründe«, brummte Klemm.

Boerne begann in seiner sorgfältigen Art, seine Garderobe und die Zauberutensilien einzupacken.

»Sie glauben doch nicht im Ernst«, sagte Thiel, »dass Sie mit dem ganzen Hokuspokus eine Anklage begründen können?«

»Diesen *Hokuspokus*, wie Sie es nennen, kann man wissenschaftlich ziemlich gut erklären. In Ihrem Fall bräuchte ich dafür allerdings vier Monate.«

Er stellte eine kleine Guillotine neben den Requisitenkoffer. Die war auf der Bühne gar nicht zum Einsatz gekommen.

Gott sei Dank, dachte Thiel. Wer weiß, was dann passiert wäre.

»Ja«, sagte er laut. »Erklären können Sie das vielleicht. Aber nicht beweisen.«

»Vielleicht doch«, sagte Klemm und begann, mit nachdenklicher Miene im Raum umherzugehen. Boerne steckte seine Hand in die Öffnung der Guillotine, wie Thiel leicht beunruhigt feststellte.

»Der alte Franz Stettenkamp starb für alle überraschend vor drei Monaten«, erklärte Klemm. »Und seit dieser Zeit versucht die Exfrau seines Sohnes eine Exhumierung der Leiche vor Gericht durchzusetzen. Und vorgestern ...«, ein zufriedenes Lächeln trat in ihre Augen, »vorgestern ist dem stattgegeben worden.«

Boerne nickte, ebenfalls zufrieden, und hieb mit der freien Hand auf den Auslöser des Fallbeils.

Es fiel. Die Hand blieb dran.

Thiel verdrehte die Augen.

»Schön, dass Sie beide mal einer Meinung sind«, murmelte er. Dann zog er seine Jacke über und machte sich auf den Heimweg.

DREI

Thiel war noch nicht ganz auf der Höhe, als es an der Tür klingelte. Müde stellte er seine zweite Tasse Kaffee auf den Küchentisch und schlurfte zur Tür.
Es war der Paketbote. Einer der alten Schule.
»Guten Morgen«, sagte er dienstlich. »Paketsendung für Thiel.«
»Das bin ich«, sagte Thiel und griff nach dem Päckchen, das höchstwahrscheinlich das neue Erstligatrikot der Sankt Paulianer enthielt, das er letzte Woche bestellt hatte.
Aber der Bote zog es wieder aus seiner Reichweite.
»Ist per Nachnahme«, sagte er. »Macht neunzehn Euro fünfundneunzig.«
»Oh ...«, sagte Thiel. »Ja ... ähm ... so viel Bargeld hab ich gerade gar nicht im Haus ...«
Der Bote machte einen Schritt nach hinten, als erwarte er, dass Thiel sich jeden Moment auf das Päckchen stürzen würde. In seinem Rücken trat Professor Boerne aus seiner Wohnungstür.
»Ja, ich hol das Päckchen dann morgen auf dem Postamt ab«, sagte Thiel eilig, in der Hoffnung, Boerne hätte die Situation nicht erfasst, aber das war natürlich albern. Mit seinem strahlendsten Haifischlächeln wandte er sich ihnen zu, sobald er seine Tür abgeschlossen hatte.
»Nanu, Thiel«, sagte er. »Muss ich mir langsam um Ihre Liquidität Gedanken machen?«
»Nöö«, sagte Thiel und kratzte sich verlegen am Hals. Er wusste nicht, wie viele Tassen Kaffee er trinken müsste, um zu dieser Uhrzeit in solch beschwingte Laune zu

kommen, wie Boerne es jetzt war. Auf jeden Fall waren es mehr als zwei.

»Ich hab nur 'ne neue EC-Karte, und die funktioniert irgendwie noch nicht so richtig ...«

»Sicher«, sagte Boerne mit verständnisvollem Nicken.

»Und bei den Schalteröffnungszeiten heutzutage ...«, murmelte Thiel.

Boerne zog lässig seine Brieftasche aus dem Jackett.

»Was macht das denn?«, fragte er den Postboten.

»Neunzehn fünfundneunzig«, erhielt er zur Antwort, und er reichte dem Mann einen Zwanziger.

»Der Rest ist für Sie, aber geben Sie nicht gleich alles auf einmal aus«, sagte Boerne.

Er schien sich königlich über seinen Scherz zu amüsieren. Besser zumindest als die beiden Männer, die ihm böse hinterhersahen, während er die Treppe zur Haustür hinunterfederte.

»Beeilen Sie sich!«, rief Boerne noch über die Schulter. »Ich nehm Sie mit zur Exhumierung.«

Thiel brummte nur irgendwas zur Antwort.

Was geht der mir auf die Nerven, dachte er und quittierte dem Postmann das Paket.

Dann beeilte er sich.

***

Sie standen neben Franz Stettenkamps geöffnetem Grab und sahen zu, wie der lehmverkrustete Sarg an zwei Tauen von einem Bagger herausgehoben wurde. Die Leute von der Spurensicherung in ihren Kunststoffoveralls nahmen ihn in Empfang.

Thiels Blick fiel auf das Grabmal. Es war ein mächtiger Naturstein, in den neben Franz Stettenkamps Namen und Lebensdaten auch ein Sinnspruch eingraviert war, der nun allerdings zum großen Teil von der aufgeworfenen Erde bedeckt war.

Thiel griff sich eines der herumliegenden Verschalungsbretter und legte es quer über die offene Grube. Dann balancierte er in die Mitte an den Stein und schaufelte mit der Hand den lockeren Aushub beiseite, bis der Spruch lesbar war.

»Alles am Weibe ist ein Rätsel«, las er vor und beeilte sich dann, von dem wackeligen Brett wieder hinunterzukommen.

Boerne stand am Fuß des Grabes, die Hand locker in der Jacketttasche.

»Wer hat das gesagt?«, fragte er auf die oberlehrerhafte Art, die Thiel immer wieder auf die Palme bringen konnte.

»Keine Ahnung«, antwortete er. »Könnte von mir sein.«

»Nietzsche hat das gesagt.« Boerne nickte selbstzufrieden. »Hatte gar nicht unrecht, der alte Knabe. Der Spruch könnte auf dem Grabstein eines jeden Mannes stehen.«

Boerne wich zwei Männern von der Spurensicherung aus, die sich mit einer Leiter näherten, um den Boden des Grabes zu untersuchen.

Thiels Blick fiel plötzlich auf eine Frau. Sie stand, keine dreißig Meter entfernt, halb verborgen von einem Rhododendron, zwischen zwei Gräbern und beobachtete das Geschehen.

»Entschuldigung«, sagte er laut, um sie auf sich aufmerksam zu machen, und zog seinen Dienstausweis aus der Tasche.

Als sie ihn bemerkte, kam sie ihm sofort entgegen. Sie wirkte sehr ernst, aber weder unfreundlich noch ängstlich.

»Mein Name ist Thiel, ich bin von der Mordkommission.«

»Wann rechnen Sie mit dem Ergebnis der Obduktion?«, fragte sie, ohne sich vorzustellen.

»Darf ich zuerst fragen, mit wem ich es zu tun habe?«, fragte Thiel und steckte seinen Ausweis wieder ein.

Die Frau deutete auf das ausgehobene Grab. »Er war mal mein Schwiegervater«, sagte sie leise.

»Ah!« Thiel nickte verstehend. »Dann sind Sie Elke Brunner-Stettenkamp. *Sie* haben vor drei Monaten die Exhumierung beantragt.«

Sie sah ihn gelinde überrascht an. »Oh, da hat einer seine Hausaufgaben gemacht … Und? Wie kam es jetzt zu dem plötzlichen Sinneswandel?«, fragte sie und wies auf das geschäftige Durcheinander rings um das Grab.

Thiel schätzte sie auf Ende fünfzig. Sie war elegant gekleidet, strahlte aber nicht die kaltschnäuzige Arroganz aus, die Thiel bei der aktuellen Frau Stettenkamp bemerkt hatte.

»Die Mühlen der Behörden mahlen langsam, aber gewissenhaft«, sagte er. »Warum haben Sie damals den Antrag gestellt?«

Sie sah ihn offen an. »Der alte Franz Stettenkamp rief mich kurz vor seinem Tod an. Er sagte, er wolle seine Familie enterben, den Firmenbesitz in eine Stiftung umwandeln und die Leitung …«, sie zögerte ein wenig, »*mir* übertragen.«

Thiel spitzte die Lippen.

»Drei Tage später stirbt dieser kerngesunde Mensch«, fuhr sie fort. »Reicht Ihnen das als Grund?«

Thiel verschränkte die Arme und nickte. »Ja«, sagte er.

Wenn das stimmte, hätte er an ihrer Stelle auch eine Exhumierung beantragt. »Weshalb wollte er seine Familie denn enterben?«, fragte er.

Sie verlor ein wenig von ihrer Selbstsicherheit.

»Er sagte, er sei hinter eine schlimme Sache gekommen. Ein ›dunkles Familiengeheimnis‹. Er hat sich fürchterlich aufgeregt.« Verstohlen wischte sie eine Träne aus dem Augenwinkel.

Na ja, dachte Thiel.

Das war nicht gerade eine der Aussagen, mit denen die Polizei was anfangen konnte. »*Was* für ein Geheimnis das war, wissen Sie *nicht* zufällig?«, fragte er mit leichter Ironie in der Stimme.

»Nein«, antwortete sie. »Er sagte nur, dass er alle Stettenkamps für böse und verdorben halte.«

Thiel lachte auf. »Na, aber das ist ja noch kein Motiv für einen Mord«, sagte er.

Sie lächelte spöttisch. »*Das* herauszufinden ist dann Ihre Hausaufgabe für morgen.«

Thiel nickte verstehend. »*Böse* und *verdorben*«, sagte er betont. »Gilt das eigentlich auch für Ihren eigenen Sohn Boris?«

Das Lächeln und der Spott verschwanden aus ihrem Gesicht.

»Besonders für den«, sagte sie mit leiser Schärfe. »Franz Stettenkamp wollte ihn aus der Firma werfen, falls er nicht das Trinken aufgibt und eine Entziehungskur macht.«

Das Schlagen zweier Autotüren schallte über den Friedhof. Sie sahen zum Hauptweg hinüber, auf dem ein schwarzer Volvo-Kombi gehalten hatte. Sieglinde und

Cornelius Stettenkamp waren ausgestiegen und kamen auf sie zu.

Elke Brunner-Stettenkamp stieß ein böses kleines Lachen aus, als sie sie sah.

»Nein«, sagte sie. »Ich habe zu den Stettenkamps *keinen* Kontakt mehr, um Ihre nächste Frage zu beantworten.«

»Danke«, sagte Thiel und lachte kopfschüttelnd.

Frau Stettenkamp trug eine sehr dunkle Sonnenbrille, die ihre Blässe noch betonte. Ihre hochgewachsene, schmale Gestalt war in einen exquisiten Anzug in Altrosa gekleidet, auf dem Kopf trug sie wie gestern eine streng wirkende schwarze Filzmütze. Sie hielt einigen Vorsprung vor ihrem Gatten, der entschieden weniger überzeugend auftrat als sie.

Sieglinde Stettenkamp zog die Brille ab und starrte ihre Vorgängerin an, als wolle sie sie in eine Eissäule verwandeln.

»Jetzt hast du es ja endlich geschafft«, zischte sie.

Elke Brunner-Stettenkamp schien allerdings ebenfalls eine Frau zu sein, die nicht leicht zu beeindrucken war.

»Herr Kommissar«, sagte sie mit feinem Lächeln. »Darf ich Ihnen meine Nachfolgerin vorstellen ... Sieglinde Stettenkamp. Dahinter mein Exmann Cornelius ... Hallo, Cornelius.«

»Hallo, Elke«, antwortete Stettenkamp mit einem etwas verlegenen Lächeln. Im Gegensatz zu seiner Frau wirkte er in seinem verknitterten Leinenanzug eher nachlässig gekleidet.

»Das ist Herr Thiel von der Mordkommission«, sagte seine Exfrau mit ziemlich maliziösem Lächeln. »Ihr werdet noch viel mit ihm zu tun haben. Man sieht sich.«

Sie winkte ihrem Ex einen neckischen Gruß zu, dann marschierte sie davon.

»Wiedersehen«, rief Cornelius Stettenkamp ihr leise nach, während Sieglinde den Abgang der Dame eisern ignorierte.

»Ich möchte, dass Sie die Exhumierung stoppen«, sagte sie zu Thiel. »Der Eilantrag bei Gericht wurde schon gestellt.«

»Und?«, fragte er. »Wurde ihm stattgegeben?«

So wie sie Thiel musterte, schien sie ihn für einen niederrangigen Untergebenen zu halten, der unverschämterweise eine Rechtfertigung für etwas Selbstverständliches verlangte.

»Es kann sich nur um ein, zwei Stunden handeln«, sagte sie.

Thiel nickte zufrieden. »Dann sagen Sie mir einfach Bescheid, wenn's so weit ist.«

Sie starrte ihn an, als wünschte sie, dass er im Boden versinke, aber Thiel tat ihr den Gefallen nicht.

»Und Sie sind also die neue Frau von Herrn Stettenkamp?«, fragte er stattdessen aufs Freundlichste.

Cornelius Stettenkamp wandte sich halb ab, als sei ihm das Ganze peinlich.

»Ist das der Beginn eines Verhörs?«, zischte seine Gattin.

Thiel zuckte lässig mit den Schultern. »Kommt drauf an«, sagte er nur.

»Und wie ist der Name Ihres Vorgesetzten?«, fragte sie. Ein böses Lächeln lag in ihren Mundwinkeln.

»Warum das denn?«, fragte da plötzlich Boerne. Er war von der Grabstelle herübergekommen, ohne dass Thiel es bemerkt hatte. »Willst du ihn etwa verpetzen … Sieglinde?«

Er stellte sich vor Sieglinde Stettenkamp hin und grinste sie frech an. Mit zusammengekniffenen Augen musterte sie ihn ein paar Sekunden lang. Dann stach ihr behandschuhter Zeigefinger nach vorn.

»Ich kenn dich doch«, sagte sie. »Du heißt ... Karl-Otto Bohner oder so ähnlich.«

»So ähnlich«, sagte Boerne, und sein freches Grinsen wich einem eher betretenen.

Thiel hätte am liebsten losgeprustet, schaffte es aber, sich zusammenzureißen.

»Wir waren zusammen im Grundkurs Geschichte ... ist lange her«, sagte Boerne. Er schien Verständnis dafür zu haben, dass man über so viele Jahre hin sogar *seinen* Namen mal falsch abspeichern konnte.

»Ah ja ...« Sieglinde Stettenkamp schien sich nun tatsächlich zu erinnern, es bereitete ihr aber keinerlei erkennbares Vergnügen. »Und du bist also bei der Polizei gelandet«, stellte sie fest. Ihr Ton lag an der Grenze zwischen sachlich und angeekelt.

»So ähnlich. Gerichtsmedizin.«

»Na, dann viel Spaß beim Leichenschänden«, sagte sie. Ohne ein weiteres Wort oder irgendwelche Höflichkeiten drehte sie sich um und ging zu ihrem Volvo.

Cornelius Stettenkamp nickte ihnen zu. »Hat mich gefreut«, murmelte er noch mit einer Geste, die wohl entschuldigend oder beschwichtigend gemeint war. Dann trottete er hinter seiner Frau her.

Thiel und Boerne sahen ihnen nach, bis sie in den Wagen stiegen.

»Reizende Familie«, sagte Thiel. »Nicht wahr, Bohner?«

Boerne sagte nichts. Nur sein Unterkiefer schob sich nach vorn.

»Nehmen Sie mich mit zurück in die Stadt?«, fragte Thiel.

Er konnte Boerne ansehen, dass er am liebsten »Nein« gesagt hätte, deshalb grinste er ihn so unverschämt wie möglich an.

»Kommen Sie«, knurrte Boerne und marschierte zu seinem Porsche.

»Sieglinde von Horchenstein, wie sie damals noch hieß«, dozierte Boerne, während sie mit offenem Verdeck über das Kopfsteinpflaster der Innenstadt hetzten. »Sie war die Schönste, Klügste und Intelligenteste im Gymnasium. Alle waren in sie verliebt ... einschließlich meiner Person.«

»Das beruhte ja auf Gegenseitigkeit, was?«, brummte Thiel.

Boerne ging nicht darauf ein. »Später bekam sie dann den Spitznamen ›die eiserne Gräfin‹«, fuhr er fort.

Thiel sah ihn verständnislos an. »Die eiserne Gräfin?«, wiederholte er.

»Bei den Olympischen Spielen in Seoul hat sie trotz eines angebrochenen Beines die Goldmedaille im Springreiten geholt. Später bekam sie dann hunderte von Heiratsanträgen und wählte ausgerechnet diesen ... diesen Kekserben, diesen Philosophen im Tropenanzug.«

Thiel deutete auf das Schild einer Bankfiliale.

»Können Sie mich da vorne mal rauslassen?«, fragte er, aber Boerne schien ihn gar nicht zu hören. Er war völlig vertieft in die Erinnerung an seine gescheiterte Jugendliebe.

»Manchmal stelle ich mir vor, was passiert wäre, wenn Sieglinde und ich ... damals ... zur rechten Zeit, am rechten Ort ... wer weiß, wer weiß ...«

Versonnen lächelte er vor sich hin.

»Hal-lo«, maulte Thiel. »Können Sie mal anhalten, *bitte*!«

Mit beleidigter Miene ließ Boerne den Porsche vor der Bank in den Bogengängen am Prinzipalmarkt ausrollen.

»Sie haben keinen Sinn für Romantik«, stellte er pikiert fest.

»Doch, doch«, sagte Thiel und öffnete die Tür. »Mir ist schon ganz warm ums Herz. Wir sehen uns nachher in der Gerichtsmedizin.«

Er stieg aus und warf die Tür zu. Boerne gab Gas, aber Thiel konnte noch erkennen, dass er bereits wieder dieses verklärte Lächeln im Gesicht hatte.

Kopfschüttelnd ging Thiel auf den Geldautomaten zu. Er suchte seine EC-Karte aus der Brieftasche, schob sie in den Schlitz und gab seine Geheimnummer ein. Als er den Betrag eintippen wollte, antwortete das Gerät mit einem unschönen Warnton.

»Auszahlung zurzeit nicht möglich«, las er auf dem Bildschirm. »Verfügbarer Betrag: 0 Euro«.

»Was ist das denn?«, murmelte er. Er versuchte erneut, den Betrag einzugeben, aber das Gerät reagierte nicht.

Peinlich berührt sah er über die Schulter, ob hinter ihm jemand stand, der diese Demütigung mitbekam. Er hatte Glück, er stand allein an dem Automaten.

Dafür sah er etwas anderes: das Taxi seines alten Herrn.

Herbert Thiel ließ gerade auf der anderen Straßenseite vor dem Gasthaus Stuhlmacher einen Fahrgast aussteigen.

»Vaddern!«, rief Thiel und machte ein paar Schritte

auf ihn zu, aber ein Piepsen hinter ihm erinnerte ihn daran, dass seine Karte noch in dem Geldautomaten steckte.

»Vaddern!«, rief er noch einmal, aber dann drehte er sich doch um und zog hektisch die Scheckkarte aus dem Schlitz. Als er wieder zur Straße spurtete, fuhr das Taxi bereits an, und sein Vater holte alles raus, was sein stinkender 123er hergab. Das war nicht viel, reichte aber, um Thiel abzuhängen.

Wütend versuchte er trotzdem, dranzubleiben, aber nach fünfzig Metern gab er auf.

Er zerbiss einen Fluch zwischen den Zähnen. Er war sich sicher, dass der Alte ihn gesehen hatte.

VIER

Thiel schlenderte schlecht gelaunt durch Boernes Autopsiesäle. Sein Magen knurrte. Langsam wurde der mangelnde Cashflow zum Problem. Aber natürlich hatte die Bank geschlossen gehabt, als er eben die doppelte Abfuhr von dem Automaten und seinem alten Herrn kassiert hatte.

Er sah sich um, aber weder Boerne noch Silke Haller waren in Sicht. Dafür entdeckte er eine bereits angebrochene Schachtel »Collection Surprise«, die einsam auf einem der verchromten Rollwagen herumstand. Die »Collection Surprise« war das Spitzenprodukt des Hauses Stettenkamp.

Der Rollwagen stand direkt zwischen den Nischen, in denen die beiden Obduktionstische standen. Auf beiden lag unter grünen Tüchern je ein Körper. Auf dem einen wahrscheinlich der des Drachenfliegers, auf dem anderen der von Franz Stettenkamp.

Nachdem Thiel sich noch einmal vergewissert hatte, allein zu sein, trat er beiläufig an die Keksschachtel heran. Dann griff er beherzt zu. Drei Stück der schokoladenbezogenen Köstlichkeiten schaffte er in den Mund zu schieben, bis plötzlich Haller in der Tür am anderen Ende des Ganges auftauchte. In ihrer blütenweißen Laborkleidung schwebte sie auf ihn zu und sah mit ihren langen blonden Haaren aus wie ein zu klein geratener Schutzengel. Thiel überlegte, ob ihr der Paillettenzylinder besser gestanden hatte, war sich aber nicht sicher.

»Herr Kommissar«, rief sie fröhlich, als sie ihn entdeckte, und schwenkte einen Aktendeckel. »Das könnte Sie interessieren. Also, ich glaube dieser Drachenflieger starb nicht an irgendwelchen Drogen.«

»Sondern?«, fragte Thiel mit vollem Mund und der Hoffnung, dass dieser nicht auffallen würde.

»Ich bin sicher, es war Mord«, stellte Haller kategorisch fest.

Thiel sah sie ungläubig an. Haller klappte den Aktendeckel auf und suchte ein Blatt heraus. Als sie es Thiel gerade reichen wollte, platzte hinter ihnen der Professor in den Raum.

»Thiel! Da sind Sie ja endlich!«, blökte er gut gelaunt und kam, eine Aktenmappe schwenkend, auf sie zu. Er trug zwar weiße Laborkleidung, aber an ihm erinnerte rein gar nichts an etwas anderes als einen überaus arroganten Pathologen. »Ich habe eine sensationelle Entdeckung gemacht!«, rief er euphorisch.

Boernes romantischer Anfall schien ein jähes Ende gefunden zu haben. Offensichtlich war dem Professor ein alter Toter wichtiger als eine alte Liebe, dachte Thiel grimmig. Er deutete auf Haller.

»Ich bin gerade im Gespräch«, sagte er.

Boerne nickte nachsichtig. »Ja, ja, der Drogentote«, sagte er mit bedauerndem Ton, um dann eine abfällige Handbewegung zu machen, bei der nicht klar war, ob sie der Leiche oder seiner direkt daneben stehenden Assistentin galt. Haller verschränkte die Arme und funkelte Boerne drohend an.

»Rein statistischer Wert, Nummer elf in diesem Jahr. Erschütternd, aber die Polizei wird den Kampf gegen Drogen fortsetzen. Doch nun zu unserem Fall …« Boerne fasste Thiel am Arm und zog ihn hinter sich her in die Nische mit dem anderen Obduktionstisch. Als sie an der

Kekspackung vorbeikamen, griff Thiel im Vorbeigehen noch einmal hinein.

»Herr Thiel«, sagte Haller, »Sie sollten lieber nicht –«

Boerne unterbrach sie mit einer herrischen Bewegung.

»Alberich«, sagte er. »Wenn der Kuchen spricht, schweigt der Krümel.«

Thiel runzelte die Stirn. Den Spruch kannte er noch nicht.

»Helena Stettenkamp hat unter meiner Hypnose die Wahrheit gesagt«, verkündete Boerne sichtlich zufrieden. »Franz Stettenkamp wurde vergiftet. Und zwar mit einem höchst raffinierten Gift aus der Eisenhutpflanze oder auch Aconitum ...«

»Aconitum napellus«, fiel Haller ihm ins Wort. »Die Griechen nannten es ›die Königin der Gifte‹.«

Boerne glotzte sie an, als traue er seinen Ohren nicht.

»Aber das ist nicht das Besondere«, fuhr sie fort. »Das Gift wurde gemeinsam mit zuckerhaltigen Süßstoffen verabreicht. Und, nach Analyse der Inhaltsstoffe, wahrscheinlich mit einem Stettenkamp-Konfekt.«

Thiel unterbrach seine Kaubewegung und sah sich suchend um. Als er eine Nierenschale auf der Fensterbank entdeckte, stürzte er darauf zu und spie mit einem Röcheln den Rest der Kekse hinein, den er noch im Mund hatte.

Boerne beachtete ihn überhaupt nicht. Er starrte Silke Haller an, als wolle er sie auffressen.

»Spionieren Sie mir nach?«, zischte er. »Lauschen Sie an meiner Tür? Oder kopieren Sie sich heimlich meine Notizen? Oder woher wissen Sie das?«

Thiel rang um Atem und spürte dem Geschmack der Kekse nach, die er bereits runtergeschluckt hatte. Auf einmal kam es ihm so vor, als hätten sie von Anfang an irgendwie komisch geschmeckt. Irgendwie giftig.

»Sie haben doch die ganze Zeit den Drachenflieger obduziert, Alberich!«, fauchte Boerne.

Silke Haller lächelte ihn sanft an.

»Eben«, sagte sie nur.

Thiel und Boerne sahen erst sich, dann Haller verwirrt an.

»Der alte Stettenkamp und Tobias Böhm wurden mit dem *gleichen* Gift ermordet?«, fragte Thiel ungläubig.

Die beiden Pathologen beachteten ihn gar nicht. Zögernd hob Boerne seine Aktenmappe und hielt sie Haller über den Tisch hin. Haller tat das Gleiche mit ihrer. Aber in den Augen der beiden stand Misstrauen. Sie näherten sich nur langsam einander an, und als sie die Mappe des anderen greifen konnten, zögerten sie, ihre eigene loszulassen. Boerne beendete das Spiel, indem er Haller die ihre einfach aus der Hand riss. Hastig blätterte er sie auf.

»Hallo …«, brachte Thiel sich und seine Frage in Erinnerung.

»Offenbar«, sagte Boerne ungehalten und blätterte eilig durch Hallers Unterlagen.

»Ja, aber … aber …«, stammelte Thiel verwirrt, »was hat denn Franz Stettenkamp mit Tobias Böhm zu tun?«

Die beiden Pathologen sahen sich an und nickten sich einvernehmlich zu.

»Jetzt fängt die Sache langsam an, spannend zu werden«, sagte Boerne. Ein sehr zufriedenes Lächeln umspielte nun seine Lippen. »Ein raffinierter Giftmord. Ich schätze, wir haben hier einen richtigen Klassiker. Und, wenn ich mir die Bemerkung erlauben darf, die Sache hat für mich noch eine ganz persönliche Note.«

»Nämlich?«, fragte Thiel.

Boerne hielt ein Blatt Papier hoch, und sein Lächeln bekam etwas Glückseliges.

»Was ist das?«, fragte Thiel.

»Der hanebüchene Totenschein. Ausgestellt von dem Hausarzt der Stettenkamps«, er sah Haller grinsend an, »Herrn Professor ... Doktor ... Doktor ... *Scherer*.«

»Nein!« Hallers Unterkiefer klappte nach unten. »*Der* Scherer?«

Boerne nickte glücklich.

»Schade, dass ich *da* nicht dabei sein kann«, sagte Haller.

FÜNF

Boerne preschte mit dem Porsche auf den Vorhof der noblen Privatklinik und parkte direkt neben dem Eingang.

»Hören Sie mal«, sagte ein Hausmeister, der mit dem Anbringen eines Messingschildes beschäftigt war, »da können Sie aber nicht parken. Das ist der Parkplatz –«

»– der Parkplatz des stellvertretenden Klinikleiters, ich weiß«, sagte Boerne leichthin. »Aber der des Chefs ist ja leider besetzt.«

Mit einem feinen Lächeln im Gesicht lief er, zwei Stufen auf einmal nehmend, die Freitreppe zum Haupteingang hinauf.

»Entschuldigung bitte, kann ich Ihnen helfen?«, fragte die Krankenschwester am Empfang, als er grußlos an ihr vorbeirauschte. »Bleiben Sie bitte stehen!«, rief sie hinter ihm her. »Kommen Sie zurück!«

Aber Boerne hatte sein Ziel ausgemacht, und nichts würde ihn nun stoppen. Ein weißhaariger Schädel leuchtete ihm vom Ende des Ganges entgegen. Professor Dr. Dr. Scherer war dort im Gespräch mit ein paar Oberärzten. Als er Boerne bemerkte, entfuhr ihm ein leises »Oh nein …«.

»Säbel oder Pistole?«, fragte Boerne.

»*Sehr* witzig«, antwortete Scherer gequält.

Boerne präsentierte ihm kühl den Totenschein.

»Heute reicht mir dieses Papier, um Sie zur Strecke zu bringen«, sagte er.

Mit einer wedelnden Handbewegung bedeutete Scherer seinen Ärzten, dass er allein mit dem Eindringling verhandeln werde, und die Männer zogen sich eilig zurück.

»Was ist das?«, fragte er, als sie allein waren.

»Das ist der Totenschein von Großvater Stettenkamp, den Sie ausgestellt haben.«

Scherer kniff die Lippen zusammen, dann nickte er.

»Kommen Sie in mein Büro«, sagte er.

***

Die Eingangsglocke läutete, als Thiel die Apotheke betrat. Er war der Einzige im Verkaufsraum. Weder ein Kunde noch der Apotheker waren in Sicht. Er sah sich die Auslagen an. Offenbar gab es eine Spezialität des Hauses: Fußbrause. »Böhm'sche Fußbrause« war die exakte Bezeichnung. Augenscheinlich ein Zusatz für Fußbäder, der, in altmodisch wirkenden Papiertüten verpackt, zwei Drittel der Ausstellungsfläche einnahm. Früher hätte er darüber nachgedacht, eine Tüte zu kaufen. Aber wen sollte im Moment seine Neigung zu leichtem Fußschweiß ernsthaft stören?

Der Apotheker erschien in der Tür hinter dem Verkaufstresen. Ein schlanker Mann von Ende fünfzig.

»Schönen guten Tag. Sind Sie Johann Böhm, der Vater von Tobias Böhm?«, fragte Thiel, aber die Antwort stand im Gesicht des Mannes geschrieben. Es war von Trauer gefurcht. Er wirkte müde und schwach. Er sah Thiel an, als wäre ihm völlig egal, was er wollte.

»Hauptkommissar Thiel, Kripo Münster.« Es tat ihm leid, den Mann in seiner Trauer stören zu müssen, aber natürlich war es unvermeidbar. »Ich nehme an, die Kollegen waren schon da«, murmelte er.

Böhm nickte nur und sah ihn weiter schweigend an.

Seine Hände steckten in den Taschen seines weißen Apothekerkittels.

»Ich hab noch ein paar Fragen«, sagte Thiel.

»So?«, sagte Böhm desinteressiert.

»Der Absturz war kein Unfall. Es war Mord. Er ist vergiftet worden.«

Böhm nahm langsam eine Hand aus der Tasche und stützte sich am Tresen ab. Das war seine einzige sichtbare Regung auf Thiels Eröffnung.

»Tobias wohnte hier, bei Ihnen?«, fragte Thiel.

»Ja ... wieder«, sagte Böhm und winkte ihn mit einer Kopfbewegung hinter sich her. »Kommen Sie, ich zeig Ihnen sein Zimmer.«

Thiel ging um den Tresen herum und folgte ihm durch das Lager und das Labor der Apotheke in den Wohnbereich des Hauses. Als Böhm vor ihm die Treppe in den ersten Stock hochstieg, wirkte er, als trage er eine Zentnerlast auf den Schultern. Thiel hätte ihn am liebsten gestützt.

Böhm führte ihn in ein Zimmer, das aussah, als sei dort vor zehn oder zwölf Jahren die Zeit stehen geblieben. Thiel sah sich um.

Böhm lachte leise, wie entschuldigend. »Vor ein paar Monaten ist er wieder in sein Kinderzimmer eingezogen«, sagte er.

»Wo er vorher verdammt lange nicht gewesen ist, was?«, sagte Thiel und betrachtete ein Werder-Bremen-Poster an der Wand. Auf dem Mannschaftsfoto erkannte Thiel Urgesteine wie Rune Bratseth und Wynton Rufer. »Deutscher Meister 1993«, stand darunter.

»Ja ...« Böhm senkte den Kopf. »Er zog mit elf aus. In ein ... Internat.«

Thiel sah sich weiter um. Überall im Zimmer lag noch

das Spielzeug eines elfjährigen Jungen herum. Ein Skateboard lehnte an der Wand, auf dem Schrank war der große Originalkarton einer Carrerabahn mit Looping untergebracht. Aber was auf der Kommode unter dem Poster stand, hatte Tobias Böhm als Elfjähriger wahrscheinlich noch nicht benutzt: eine tönerne Haschpfeife.

»Sagen Sie, sind Sie sicher, dass es Mord war?«, fragte Böhm.

»Ja«, sagte Thiel. »Bin ich.«

Böhms Miene wurde noch ein Spur trauriger.

Thiel nahm die Pfeife und pustete hinein. Das ergab einen schrillen Pfiff, und der Geruch nach Rauch und Asche stieg auf. Die Pfeife hatte nicht nur zur Dekoration gedient.

»Haben Sie vielleicht irgendeinen Verdacht, warum Ihr Sohn sterben musste?«

»Ich hab gedacht, er hätte diese Drogengeschichten in den Griff gekriegt«, sagte Böhm und sah kopfschüttelnd zu Boden.

»Ich glaube nicht, dass der Mord was mit Drogen zu tun hat«, sagte Thiel.

Auf dem Kinderschreibtisch stand ein alter Computermonitor. Eine vergilbte Tastatur gab es auch und ein Donald-Duck-Mousepad, auf das ein Foto geklebt war. Thiel nahm es vom Tisch und seine Augenbrauen schossen in die Höhe. Das Bild sah aus, als sei es aus einem Klassenfoto oder etwas Ähnlichem ausgeschnitten worden. Es zeigte zwei Kinder im Grundschulalter, einen Jungen und ein Mädchen, die nebeneinandersaßen.

»Sagen Sie mal, kennen Sie die Stettenkamps?«, fragte Thiel.

Böhm zuckte leicht die Achseln. »Wer kennt die nicht?«, antwortete er.

»Ich meine, persönlich«, entgegnete Thiel.
»Nein«, sagte Böhm.
Thiel kam es vor, als habe er eine Spur zu lange über diese Antwort nachdenken müssen, aber vielleicht lag es auch an der generell verzögerten Art des Mannes. Er war Apotheker, er würde schon ein Mittel wissen, das ihm die Trauer um seinen Sohn etwas erleichterte.
»Und Tobias?«, fragte Thiel.
»Nicht dass ich wüsste«, antwortete Böhm. »Warum fragen Sie?«
»Weil das hier …«, Thiel hob das Mousepad und zeigte auf das Foto, »Helena Stettenkamp ist.«
Böhm runzelte die Stirn und trat näher heran.
»Woran sehen Sie das?«, fragte er.
»Es steht da«, sagte Thiel und reichte ihm das Mousepad.
In verblichener Kinderschrift standen zwei Namen unter dem Foto. Tobias Böhm und Helena Stettenkamp.
»Muss noch aus der Grundschule stammen«, murmelte Böhm.
»Hatten die beiden zuletzt Kontakt zueinander?«
»Davon hätte ich was mitgekriegt«, sagte Böhm.
Thiel sah sich weiter um. Er ging um das Bett herum. Mit dem Fuß fuhr er prüfend darunter her und stieß prompt auf einen Gegenstand. Etwas klirrte.
Er bückte sich und zog eine weiße Plastikschüssel hervor. Darin waren mehrere kleinere Glas- und Porzellanschüsseln und ein Mörser. Der Mörser war mit einer braunen Masse gefüllt, die unappetitlich aussah, aber verlockend roch: Schokolade.
Thiel nahm eine Schüssel nach der anderen heraus und besah sich den Inhalt.
»Mandelsplitter … Minze … Marzipan«, murmelte

er. Auf dem Boden der Plastikschüssel stieß er auf eine kleine Kunststoffbox, in der ein paar violette Blütenblätter lagen.

»Und das hier wird er bestimmt auch nicht als Cannabis verkauft haben«, sagte Thiel und zeigte Böhm die Blätter.

Die Augen des Apothekers weiteten sich.

»Das ist Eisenhut«, sagte er.

***

Professor Scherer ließ sich in den schweren Chefsessel hinter seinem schweren Chefschreibtisch fallen.

»Franz Stettenkamp«, sagte er prononciert, »hatte einen angeborenen Herzklappenfehler.«

»Er wurde vergiftet«, sagte Boerne, und das Entsetzen auf Scherers Gesicht sorgte dafür, dass Boerne diesen Tag bereits gegen Mittag als gelungen ansah, obwohl Scherer ihm keinen Platz angeboten hatte. »Er wurde vergiftet mit dem Extrakt aus der Aconitum napellus.«

»Das ... das ist ja ungeheuerlich«, stammelte Scherer.

»Jetzt tun Sie mal nicht so überrascht«, sagte Boerne. Er verschränkte die Hände hinter dem Rücken und sah sich mäßig interessiert in Scherers Büro um. Zwischen den mit Folianten gefüllten Bücherregalen stand eine moderne Skulptur, ein weiblicher Akt, der Boerne an die Venus von Willendorf erinnerte.

Er besah sie skeptisch. Dies war weder sein Geschmack noch sein Stil. Aber zu Scherers Einrichtung passte die Dame in ihrer Grobklotzigkeit ganz hervorragend.

»Eisenhut«, sagte Boerne, während er Scherer den Rücken zukehrte. »Die Königin der Gifte. Das Opfer wird von Krämpfen geschüttelt, gefolgt von Schweißausbrüchen und Parästhesien am ganzen Körper.« Er drehte sich um und starrte seinen Widersacher an. »So senil sind nicht mal *Sie*, dass Sie nichts davon bemerkt haben.«

Scherer zuckte zusammen, aber er sagte nichts. Widerwillig wandte er den Blick ab, und Boerne hätte am liebsten die Beckerfaust gemacht. Aber er riss sich zusammen: Hier war ein noch höherer Sieg drin.

»Also: Wen decken Sie?«, fragte er.

Scherer lachte verzweifelt auf. »Sie unterstellen mir doch nicht im Ernst, ich wolle einen Mord vertuschen«, sagte er.

»Genau das wird mein Stichwort vor Gericht sein«, sagte Boerne kühl, »wenn Sie mir jetzt nicht die Wahrheit sagen.«

»Also gut«, sagte Scherer.

Boerne schaffte es nicht ganz, seine Befriedigung aus seinem Gesicht zu halten. Scherer entging das nicht, aber ihm war offenkundig klar, dass er verloren hatte. Er faltete die Hände vor sich auf der Schreibtischplatte.

»Pleikart hat mich morgens gegen sieben Uhr dreißig angerufen«, sagte er. »Ich bin dann gleich zu den Stettenkamps hingefahren.«

»Wer hat die Leiche gefunden?«, fragte Boerne.

※※※

»Wer hat die Leiche gefunden?«, fragte Nadeshda.

»Das war ich«, antwortete Boris Stettenkamp.

Nadeshda hob die Kamera und machte ein Foto von dem antiken Bett im Schlafzimmer des verblichenen Franz Stettenkamp. Es war bestimmt teuer gewesen, aber bequem sah es nicht aus.

»Was hatten Sie denn um sieben Uhr morgens hier in seinem Schlafzimmer gemacht?«, fragte sie.

»Mein Großvater war ein Frühaufsteher.« Boris' Stimme war kratzig. »Ich hatte mich gewundert, dass er noch nicht auf war, als ich nach Hause kam.« Er grinste schief, wie seine ganze Haltung schief war. Das Hemd hing ihm halb aus der Hose, und in der Hand hielt er ein Glas mit einer klaren Flüssigkeit. Dass es Wasser war, schien Nadeshda nach Lage der Dinge eher unwahrscheinlich. Boris Stettenkamp war am helllichten Tag ernsthaft betrunken.

»Von wo kamen Sie denn gerade?«, fragte Nadeshda und klappte ihr Notizbuch auf.

Boris' Grinsen blieb schief in seinem Gesicht hängen. »Ich war mit ein paar Leuten im ›Casino‹«, nuschelte er. »Das ist ein Club mit Restaurant. Ich kann Sie da mal mit hinnehmen, wenn Sie möchten.«

»Nein danke«, sagte Nadeshda, ohne von ihrem Notizbuch aufzusehen. »Ich hasse Restaurants mit Türstehern.«

Sie griff wieder zu der Kamera, die um ihren Hals hing, und machte ein paar weitere Fotos vom Schlafzimmer.

»Ist Ihnen am Leichnam etwas Besonderes aufgefallen?«, fragte sie.

»Also … sein Gesicht war verzerrt, als ob er große Schmerzen hatte«, sagte Boris.

Nadeshda machte sich wieder Notizen. »Was haben Sie dann gemacht?«

»Meinen Cousin Frederick Pleikart angerufen. Er hat sich sofort auf den Weg gemacht. Danach habe ich meine Stiefmutter Sieglinde geweckt.«

»Wann kam Pleikart an?«, fragte Nadeshda

***

»Wann kamen Sie bei den Stettenkamps an?«, fragte Thiel.
Pleikart hatte den Ellbogen auf seine Schreibtischplatte gestützt und kratzte sich nachdenklich an der Wange.
»Das muss so gegen … sieben Uhr dreißig gewesen sein«, sagte er.
Thiel saß ihm gegenüber und spielte mit einem schweren Locher, der vor ihm auf dem Schreibtisch stand.
»Von wo kamen Sie?«, fragte er.
»Von zu Hause«, sagte Pleikart. »Ich war gerade beim Frühstück, als Boris mich anrief.«
»Waren Sie die ganze Nacht zu Hause?«
»Natürlich«, antwortete Pleikart.
So wie Thiel ihn einschätzte, war es wirklich natürlich. Dieser Mann hatte wahrscheinlich wenig andere Interessen als seine Karriere.
»Allein?«, fragte er.
»Natü…«, entfuhr es Pleikart spontan, aber es schien ihm aufzugehen, dass das für einen Mann in seinem Alter vielleicht nicht die richtige Antwort war. »Ja!«, sagte er betont und grinste.
Thiel sah ihn nachdenklich an. »Und nachdem Sie gesehen haben, dass Franz Stettenkamp tot war, haben Sie den Hausarzt gerufen. Professor Scherer …«
Pleikart bestätigte das mit einer gönnerhaften Geste. Thiel war aufgestanden und ging im Büro auf und ab. Es war in seiner Geräumigkeit und Ausstattung dem Vorstand einer so umsatzstarken Firma wie der Stettenkamp GmbH angemessen. Eine moderne schwarze Ledersitzgruppe fand darin locker Platz, sie passte hervorragend zu Pleikarts großem Schreibtisch aus Stahl und Teak.
»Wann kam der Professor an?«, fragte er Thiel.

»Das kann ich Ihnen genau sagen«, antwortete Pleikart.

***

»Etwa gegen acht Uhr morgens«, sagte Professor Scherer. Er hatte die Brille abgenommen und nagte am Ende eines Bügels.

»Und dann?«, fragte Boerne.

Scherer seufzte und machte eine entschuldigende Geste. »Ich habe gesehen, dass da was nicht stimmte«, sagte er. »Aber Pleikart drängte mich massiv.«

»Er bedrängte Sie? Womit?«

»Bei den Stettenkamps geht es immer um ihren guten Ruf. Pleikart sagte mir, dass es ganz gewiss in Franz Stettenkamps Sinne sei. Und da hatte er wahrscheinlich recht. Auch Franz hasste jede Art von Skandal.«

Boerne nickte verstehend. So ein Umfeld passte gut zu Sieglinde von Horchenstein, der ›eisernen Gräfin‹.

Kein Wunder, dass sie hineingeheiratet hatte.

Und vielleicht war es ja auch gar nicht so furchtbar bedauerlich, dass sie nicht Boerne gewählt hatte.

Obwohl … wer wusste das schon zu sagen.

»Eine Frage habe ich noch …«, sagte Boerne.

***

»Warum hat Boris *Sie* angerufen und nicht gleich den Arzt?«, fragte Thiel.

»Ich werde *immer* zuerst angerufen, wenn es bei den Stettenkamps so was wie ein Problem gibt«, antwortete Pleikart.

»Gehören Sie zur Familie?«

»Entfernt. Franz Stettenkamp und meine Großtante waren Geschwister.«

Thiel betrachtete ein ziemlich wuchtiges Ölgemälde, das gegenüber von Pleikarts Schreibtisch an der Wand hing. Es zeigte Franz Stettenkamp, in einem Polstersessel sitzend. Neben ihm auf der Armlehne saß eine junge blonde Frau und legte den Arm auf seine Schulter.

»Gab es nicht so was wie einen Familienkonflikt kurz vor Franz Stettenkamps Tod?«, fragte Thiel.

Pleikart lachte unfroh auf. »Sie spielen auf Elke Brunner an. Diese Frau versucht seit Jahren, uns mit haarsträubenden Behauptungen zu schaden.«

»Soll das Helena sein?«, fragte Thiel und deutete auf das Ölgemälde.

»Ja«, sagte Pleikart und trat neben ihn. »Das Bild heißt ›Speranza‹ – ›Die Hoffnung‹. Ja, der Großvater hat Helena sehr geliebt und alle Hoffnung in sie gesetzt. ›Speranza‹ wird übrigens auch unser neues Konfekt heißen.«

Er nahm eine elegante Schachtel aus einem Regal und zeigte sie Thiel. Dieser nickte nachdenklich.

»Wo war Helena eigentlich die ganze Zeit?«, fragte er.

✶✶✶

»Ich habe sie draußen auf der Parkbank gefunden«, sagte Boris. »Kurz bevor Pleikart kam. Sie stand unter Schock und konnte sich an nichts mehr erinnern.«

Er trat neben Nadeshda. Sie standen in der Eingangshalle der Stettenkamp'schen Villa am Fuß der Treppe. Nadeshda machte Fotos von Stufen und Geländer.

»Was machte Sieglinde Stettenkamp zu diesem Zeitpunkt?«, fragte sie und sah sich nach einem Standpunkt für eine bessere Perspektive um.

»Sie blieb oben bei Großvater«, sagte Boris. Er schlenderte durch die Halle, immer noch das Glas in der Hand. Am Fuß der Treppe blieb er stehen. »Hören Sie, vielleicht kann ich Sie ja doch zu einem Abendessen überreden. Wir haben das gleiche Hobby. Ich fotografiere auch«, sagte er und grinste sie auffordernd an.

Nadeshda ließ die Kamera sinken. »Das ist nicht mein Hobby. Das ist meine Arbeit. Und würden Sie jetzt *bitte* aus dem Bild gehen?«

Mit einer entschuldigenden Geste verzog Boris Stettenkamp sich von der Treppe.

»Schade«, murmelte er.

SECHS

Schon beim Öffnen der Haustür versuchte Thiel, jedes unnötige Geräusch zu vermeiden. Es war klar, dass er einen Feierabend, der den Namen verdiente, nur dann würde genießen können, wenn er es schaffte, von Boerne unbemerkt in seine Wohnung zu gelangen.

Leider war der Türschließer immer noch nicht geölt worden und schickte ein leises Quietschen durchs Treppenhaus, als Thiel die Tür aufdrückte. Ohne das Licht anzuschalten, schob er sein Fahrrad ins Haus und trug es auf Zehenspitzen die Treppe hoch. Vor seiner Tür stellte er es geräuschlos ab und schob vorsichtig den Schlüssel ins Türschloss.

Es nutzte nichts. In seinem Rücken öffnete sich Boernes Wohnungstür, und das Treppenhauslicht wurde angeschaltet. Thiel ließ die Schultern sinken. Entweder hatte Boerne Ohren wie ein Luchs, oder er hatte direkt hinter der Tür auf ihn gelauert.

»Da sind Sie ja endlich«, sagte Boerne munter wie am frühen Morgen.

Thiel drehte sich um. »Was gibt's denn schon wieder?«, fragte er müde.

Boerne trug einen karierten Hausmantel und sah aus wie die Entspannung in Person. »Wie wär's mit einer Lagebesprechung?«, fragte er.

»*Bitte* nicht jetzt«, jammerte Thiel und schloss seine Tür auf.

»Kommen Sie schon! Gönnen Sie Ihrem Vermieter ein Stündchen, dann stunde ich Ihnen auch die Miete«, sagte Boerne mit einem koketten Kopfwackeln.

Thiels Schultern sanken noch ein Stück weiter hinab.

»Hören Sie, ich hab Ihnen doch gesagt ...«

»Ich weiß, ich weiß. Die neue Bank«, fiel Boerne ihm ins Wort und schloss voll sanftem Verständnis die Augen. Plötzlich machte er eine seltsame Bewegung, die Thiel an einen Tanzschritt aus der Pekingoper oder so was Ähnliches erinnerte, und förderte blitzschnell eine Flasche Rotwein aus dem Mantelärmel zutage.

»Die hab ich extra für Sie aus meinem Keller gezaubert«, sagte er.

Thiel verzog das Gesicht. Er hatte sich eher auf eine kühle Flasche Astra gefreut als auf einen von Boernes schweren Bordeaux-Weinen, für die er immer noch keinen rechten Sinn entwickelt hatte. Aber er wusste, wann er verloren hatte.

Mit ergebener Miene schob er sein Rad in die Wohnung. Boerne kam gut gelaunt hinter ihm hergetänzelt.

Er öffnete den Wein, während Thiel das Ergebnis ihres Tagwerks aus seiner Umhängetasche zog und auf dem Tisch ausbreitete. Boerne nahm probehalber einen Schluck aus dem nicht ganz passenden Weißweinglas, dem einzigen, von dem Thiel zwei gleiche besaß, und stieß einen begeisterten Seufzer aus, bevor er auch Thiel einschenkte. Thiel nahm ebenfalls einen Schluck und hätte noch immer lieber ein Astra gehabt.

Er deutete auf Nadeshdas Fotos vom Treppenhaus der Stettenkamps.

»Der sterbende Großvater ist am Fuß der Treppe zusammengebrochen, und Helena kam von da oben die Treppe runter«, erläuterte er. »Dann ist sie im Schock nach draußen und durch den Wald gerannt. Auf der Bank vor dem Haus hat Boris sie später gefunden.«

Boerne ließ den Rotwein in seinem Mund hin und her rollen, bevor er ihn schluckte. Danach schmatzte er genießerisch und nickte verständnisinnig.

»Der Mörder hat die Leiche in den ersten Stock geschleppt und sie ins Bett gelegt«, sagte er. »Die Frage ist: Hat Helena ihn gesehen? Wenn ja, ist sie jetzt in Gefahr.«

Sein Blick fiel auf das Kinderfoto aus Tobias Böhms Mousepad.

»Was ist das denn?«

»Wonach sieht's denn aus?«, brummte Thiel und reichte ihm das Bild.

»Helena Stettenkamp?« Boerne war begeistert. »Da ist ja die gesuchte Verbindung zwischen …«, er brach den Satz ab.

»… den Stettenkamps und dem Drachenflieger«, ergänzte Thiel und sah verwundert, wie Boernes Miene ins Fassungslose glitt.

»Das ist ja …«, stammelte er, »das ist ja … meine Grundschule.«

Er hielt Thiel das Bild hin und deutete auf die Person, die hinter den beiden Kindern stand und von der wenig mehr als eine Hand zu sehen war, die ein schwarzes Buch hielt. »Das da, das muss …«, sein Adamsapfel zitterte, »das muss Zita Keller sein.«

»Wer ist das schon wieder?« Thiel nahm ihm das Foto aus der Hand und sah es verständnislos an.

»Meine alte Grundschullehrerin. Sie ist verantwortlich für monatelanges Fernsehverbot, Süßigkeitenentzug und Rasenmähen.«

Boerne griff nach seinem Glas und nahm hektisch einen großen Schluck, den er ohne jedes Getue seine Speiseröhre hinunterbeförderte.

»Woher wollen Sie wissen, dass das Ihre alte Lehrerin ist? Man sieht doch gar nichts von ihr!«, sagte Thiel, aber Boerne deutete auf das schwarze Buch, eigentlich war es eher eine dicke Kladde.

»Sehen Sie, was sie da in der Hand hat? Das war ihr Schwarzbuch. Darin hat sie alles festgehalten, was wir Kinder verbrochen hatten. An den Elternabenden gab es dann ein Strafgericht. Brrr!«

Boerne schob den Ärmel seines Hausmantels hoch und hielt Thiel seinen Unterarm vors Gesicht.

»Oh, ein Überbein«, sagte Thiel mit Blick auf das Handgelenk.

»Gänsehaut!«, korrigierte Boerne, und tatsächlich standen die Härchen auf dem Arm zu Berge. »Sie jagt mir heute noch Schauer über den Rücken.« Er schüttelte sich angewidert und trank entschlossen sein Glas leer.

»Lebt denn Ihre Lehrerin noch?«, fragte Thiel.

»Das steht zu befürchten ...« Boerne nahm die Flasche und schenkte sich großzügig nach.

»Na, dann machen *Sie* das vielleicht besser ...«, murmelte Thiel.

»Was?«, fragte Boerne alarmiert.

»Ich würde gern rauskriegen, ob ich nur *zufällig* das Foto bei Tobias gefunden habe.«

»Nicht mit mir«, antwortete Boerne und bekräftigte die Aussage mit einem weiteren Schluck Wein.

Thiel sah genervt zur Seite. »Jetzt kommen Sie schon, Boerne ...«

»Nein.«

»Aber –«

»Ich mach's nicht!«

»Boerne, Sie –«

»Sch!« Boerne wedelte wütend mit der Rechten. »Aus!

Niemals!« Erleichtert über seine eigene Entschlossenheit gönnte er sich noch einen Schluck. »Niemals!«, sagte er und lächelte in sich hinein.

**

Der Morgen war sonnig, und es war eine schöne Strecke, raus zum Stettenkamp'schen Anwesen. Thiel genoss es, sein Rad mal wieder so richtig laufen zu lassen. Als er durch die Toreinfahrt auf das weitläufige Parkgelände des alten Wasserschlosses bog, bemerkte er einen silbergrauen Lexus. Der Wagen parkte nahe der Brücke, die zur Tür des Gebäudes führte, war aber durch eine Hecke vor Blicken aus dem Haus verborgen.

Das an sich war natürlich nichts Besonderes, aber als er näher kam, bemerkte Thiel zwei Personen, die darin saßen. Und als er noch näher kam, bemerkte er, dass diese Personen *ihn* überhaupt nicht bemerkten, was daran lag, dass sie gerade einen ziemlich intensiven Kuss tauschten, was letztlich immer noch nichts Bemerkenswertes gewesen wäre.

Aber als Thiel nahe genug war, um zu erkennen, um welche Personen es sich handelte, veranlasste ihn das zu einer gewagten Vollbremsung und dazu, sich mitsamt seinem Rad schleunigst hinter einer der dicken Platanen des Parks außer Sicht zu bringen.

Es waren Frederick Pleikart und Helena Stettenkamp, die sich im Inneren des Wagens ineinander verschlangen. Und im Moment war es Thiel lieber, dass sie nicht wussten, dass er wusste, was er wusste. Es dauerte noch eine ganze Weile, bis die beiden voneinander abließen und Helena ausstieg.

»Ich ruf dich an«, hörte Thiel sie sagen, bevor sie die

Tür zuwarf und Pleikart den Wagen in Richtung Ausfahrt steuerte, ohne Thiel hinter seinem Baum zu bemerken.

Sobald der Wagen an ihm vorbei war, schwang Thiel sich aufs Rad und beeilte sich, Helena Stettenkamp zu erreichen, bevor sie im Haus verschwand.

»Frau Stettenkamp!«, rief er, als er an der Brücke angekommen war. Sie drehte sich zu ihm um.

»Ich hätte da noch ein paar Fragen«, rief er. »Hätten Sie vielleicht einen kleinen Augenblick Zeit?«

Sie war so kooperativ, wie man es sich wünschen konnte. Bereitwillig führte sie Thiel zu der hölzernen Bank, auf der ihr Bruder sie am Morgen nach dem Tod ihres Großvaters gefunden hatte – verwirrt, verstört und halb erfroren.

»Können Sie sich inzwischen an die Ereignisse des Vortags erinnern?«, fragte Thiel.

Sie zuckte die Achseln. »Nur in Bruchstücken.«

»Wer hat Ihrem Großvater das Gift gegeben?«

»Ich weiß es nicht«, sagte sie ernst und sah ihn geradeheraus an.

»War es Pleikart?«, fragte Thiel.

Sie zeigte keine Reaktion, als er den Namen erwähnte. Sie schien sich nicht einmal zu wundern, dass er den Namen erwähnte.

»Ich weiß es wirklich nicht«, wiederholte sie nur. »Sie müssen mir das glauben.«

Aber genau das gelang Thiel nicht recht. Sie nahmen nebeneinander auf der Bank Platz. Thiel zog das Foto aus der Tasche und reichte es ihr.

»Was sagt Ihnen dieses Foto?«

Sie nahm die Klarsichthülle, in der das Bild steckte,

und sah es an. Ein überraschtes Lächeln erschien auf ihrem Gesicht.

»Das ist Tobias«, sagte sie.

»Sie kennen ihn?«

»Natürlich. Wir sind zusammen zur Grundschule gegangen …« Sie lächelte. Den Kopf ein wenig zur Seite gelegt, schien sie den Erinnerungen nachzuspüren.

»Haben Sie noch Kontakt zu ihm?«, fragte Thiel.

»Leider nein. Wir haben uns aus den Augen verloren … Aber warum fragen Sie?«

»Tobias Böhm wurde mit dem gleichen Gift umgebracht wie Ihr Großvater«, sagte Thiel.

Ihre Augen weiteten sich. »Was?«, entfuhr es ihr. »Das ist unmöglich! Wie soll denn …«

»Helena!« Ein scharfer Ruf vom Eingang des Hauses her unterbrach sie. Sieglinde Stettenkamp trug eine dunkle Sonnenbrille und ein Tuch fest um den Kopf geschlungen. In ihrer aufrechten, beherrschten Art kam sie über die Brücke auf sie zu.

»Ich hatte Ihnen erlaubt, das Haus zu besichtigen«, sagte sie unfreundlich. »Aber nicht, meine Tochter zu verhören.«

»Das ist kein Verhör, Frau Stettenkamp«, sagte Thiel. Er blieb sitzen und steckte das Foto wieder ein.

»Helena hatte einen Nervenzusammenbruch«, entgegnete sie scharf. »Und ihr Attest besagt, dass sie in den nächsten achtundvierzig Stunden nicht vernommen werden darf.«

»Ist schon in Ordnung, Mama«, sagte Helena beschwichtigend.

»Das ist ganz und gar nicht in Ordnung.« Ihre Mutter stand vor der Bank und sah ihre Tochter streng an. »Fahr bitte schon mal zum Training vor. Ich komm nach.«

Helena nickte und stand sofort auf. »Auf Wiedersehen«, sagte sie noch leise zu Thiel, als fürchte sie, auch das sei verboten, dann eilte sie ins Haus.

»Wollen Sie das Haus nun sehen oder nicht?«, fragte Sieglinde Stettenkamp. Es klang, als müsse sie ihre Wut über Thiel im Zaum halten.

»Sie darf nicht verhört werden, fährt aber ins Training?«, fragte er statt einer Antwort.

»Ja. Der Sport wird sie ablenken. Haben Sie was dagegen?«

»Nö«, sagte Thiel und erhob sich. »Vielleicht können *Sie* mir dann ja ein paar Fragen beantworten. Oder haben Sie auch ein Attest?«

Sieglinde Stettenkamp drehte sich um und ging am Wassergraben entlang zurück zum Haus. Thiel ging hinter ihr her.

»Sie wollten sicher nach meinem Alibi fragen«, sagte sie, ohne den Kopf zu wenden. »Ich habe keins. Ich war im Bett und habe geschlafen.«

»Und Boris hat Sie geweckt?«

»Ja.«

»Und dann?«

»Dann bin ich zu Franz ins Schlafzimmer.«

Sie betrat die Brücke zum Haus.

»Wie lange blieben Sie da?«, fragte Thiel.

»Bis Pleikart und Dr. Scherer kamen.«

Thiel verzog leicht das Gesicht. Was die Damen Stettenkamp erzählten, kam ihm alles ziemlich auswendig gelernt vor.

Sie betraten das Haus. Thiel sah sich in der Halle um. Er kannte sie schon von Nadeshdas Fotos, aber in der Realität wirkte sie tatsächlich noch eine Spur größer.

Sieglinde Stettenkamp blieb an der Tür stehen und

sah zu, wie er zum Treppenabsatz ging, wo Helena den sterbenden Franz Stettenkamp vorgefunden hatte. Er kniete sich hin und sah in das Zimmer, wo Helena einen Menschen gesehen hatte, den Mörder, an den sie sich nicht erinnern konnte.

»Haben Sie denn eine Ahnung, wer Ihren Schwiegervater vergiftet haben könnte?«, fragte er und stand auf.

»Niemand aus der Familie«, war die entschiedene Antwort.

»Ihre ›Vorgängerin‹ ist vom Gegenteil überzeugt«, sagte Thiel.

»Da bin ich mir sicher«, sagte Sieglinde Stettenkamp höhnisch.

»Warum hasst Elke Brunner Sie eigentlich so sehr?«

Sie kam langsam auf ihn zu. Von oben herab sah sie ihn an.

»Ich habe ihr den Mann ausgespannt«, sagte sie. »Sie hat also allen Grund, mich zu hassen. Sie müssten doch das Gefühl kennen, Herr Thiel …«

Er runzelte die Stirn. »Wie kommen Sie denn *darauf*?«

Sie lächelte böse. »Haben Sie nicht schon mal jemanden, den sie einst geliebt hatten, gehasst und ihn ganz weit weggewünscht? Vielleicht sogar bis nach Neuseeland?«

Er fühlte seine Züge entgleisen. »Woher wissen Sie …?«, stieß er hervor.

»Münster ist eine kleine Stadt«, sagte Sieglinde Stettenkamp. »Wir alle haben unsere familiären Probleme. Aber seien Sie unbesorgt. Ich bin diskret.«

***

»Da haben Sie sich einen schweren Gegner rausgesucht, mein lieber Thiel«, sagte Professor Boerne und zog sich etwas mühsam die Gummihandschuhe von den Fingern. »Zumal sie Skorpion ist vom Sternzeichen. Zssst! Und schon hat man den Stachel im Fleisch sitzen.«

Thiel schüttelte den Kopf. Er war immer noch fassungslos und wütend.

»Woher weiß sie über mein Privatleben Bescheid? Haben *Sie* ihr etwa …?«

Boerne fuhr herum und sah ihn erbost an. »Nun beleidigen Sie mich. Langsam sollten Sie mich aber kennen.«

»Eben«, murmelte Thiel.

»Thiel, lassen Sie sich von Sieglinde nicht vom richtigen Weg abbringen«, dozierte Boerne. »Sie müssen sich einfach fragen, wer vom Tode Franz Stettenkamps am meisten profitiert. Denn, ich zitiere: ›Hinter klassischen Giftmorden steckt meistens Habgier.‹«

»Woher haben Sie das denn?«, brummte Thiel.

Boerne antwortete nur mit einem gönnerhaften Lächeln.

Silke Haller war hereingekommen, um ein Messgerät aus einem der Laborschränke zu holen.

»Agatha Christie«, sagte sie. »Er hat alle Bücher von ihr.«

»Aha«, sagte Thiel und verdrehte die Augen. »Danke für den guten Ratschlag. Ich will trotzdem wissen, was die Stettenkamps vor uns verstecken. Denn, ich zitiere: ›Das Gute an Familiengeheimnissen ist, dass sie irgendwann nicht mehr geheim sind.‹«

Boerne hob interessiert die Augenbrauen. »Sherlock Holmes?«, fragte er.

»Nein«, sagte Thiel. »Thiel.«

»Aha.« Boerne schien leicht enttäuscht. Er streifte seinen weißen Kittel ab und hängte ihn ordentlich an der Garderobe auf. Dann ging er zur Tür.

Silke Haller sah ihm irritiert nach. »Chef, wo gehen Sie hin?«, rief sie.

»Nach Canossa«, hörten sie ihn sagen, dann war er aus der Tür.

Haller sah Thiel ratlos an. Der zuckte die Achseln und machte sich ebenfalls auf den Weg. Wütend stapfte er die Gänge des Institutes entlang.

Das hatte ihm noch gefehlt, dass jetzt schon Verdächtige über ihn und seine gescheiterte Ehe sprachen. Schließlich hatte er sich extra von Hamburg hersetzen lassen, um die Sache hinter sich zu bringen. Schlimm genug, dass seine Frau weg war und seinen Sohn mitgenommen hatte. Und das auch noch bis nach Neuseeland.

Aber jetzt musste er endlich sehen, dass er an Bargeld kam.

SIEBEN

Boerne hatte lange mit sich gerungen und war – wie üblich, wenn er das tat – am Ende als Sieger aus dem Ringen hervorgegangen.

Das ist ja das Schöne am Ringen mit sich selbst: Man kann eigentlich nicht verlieren, dachte er und versuchte, sich damit von dem Kloß in seinem Hals abzulenken, den er auch durch heftiges Schlucken nicht loswurde. Mit immer zögernderen Schritten ging er auf das kleine, düstere Einfamilienhaus zu und stieg schließlich die Treppe zur Tür hoch. Als er sie erreichte, brauchte es noch eine Weile, bis er sich durchringen konnte, auf den Klingelknopf zu drücken.

In seiner Erinnerung erschien ihm seine Grundschulzeit als durchgehend dunkelgrau, aufgelockert nur hier und dort durch ein paar Flecken in tiefem Schwarz.

Die schwärzesten dieser Flecken hatten alle mit Zita Keller zu tun oder richtiger, natürlich, mit *Frau* Keller. Dass sie Zita hieß, dass sie überhaupt einen Vornamen hatte, war ihm erst sehr viel später bekannt geworden.

Klaus-Ernst Schilling hatte ihn einmal von der Kletterstange im Pausenhof geschubst. Boerne wusste nicht, warum ihm gerade jetzt ausgerechnet diese Episode einfiel, aber sie war so gut wie ein Dutzend anderer. Jedenfalls war er durch Klaus-Ernsts Schubser auf Jürgen-Rüdiger Mutzmann gestürzt, dessen Hose dabei zerriss.

Die Quittung für dieses juvenile Schwerverbrechen war nicht nur, dass sowohl Klaus-Ernst als auch Jürgen-Rüdiger und selbstverständlich Karl-Friedrich zwei Schulstunden lang drei der vier Ecken von Frau Kellers Klassenzimmer belegten. Zudem bekamen alle drei Delinquenten Briefe mit ausführlichen Schilderungen ihrer Missetat an die Eltern mit, die darin ausdrücklich zu weiteren Sanktionen ermuntert wurden.

Diesen Anregungen pflegte Vater Boerne stets dankbar und aufs Ausführlichste nachzukommen, was dazu führte, dass Boerne sich heute nicht mehr an das exakte Strafmaß für diesen konkreten Vorfall erinnern konnte. Aber sicher war, dass es sich gewaschen hatte.

Die der ganzen Sache innewohnende ungerechte Verteilung des Strafmaßes zugunsten von Klaus-Ernst hatten Jürgen-Rüdiger und der kleine Karl-Friedrich auf dem Nachhauseweg zwei gegen einen ausgeglichen.

Aber das nur am Rande.

Boerne drückte auf die Klingel und trat eilig zwei Stufen wieder hinunter. Er verschränkte die Hände hinter dem Rücken und versuchte sich zu wappnen gegen das, was gleich kommen würde.

Die Tür wurde geöffnet, und Zita Keller sah ihn überrascht an.

»Karl-Friedrich!«, rief sie scharf.

Sie war genau die zwei Stufen kleiner als Boerne und starrte ihm nun direkt in die Augen.

»Guten Tag, Frau Keller …«

Ihr Ausdruck war misstrauisch und unwillig, und Boerne hatte sofort das deutliche Gefühl, etwas falsch gemacht zu haben. Er lachte schüchtern. »Sie … Sie haben mich sofort erkannt«, sagte er bemüht heiter. »Nach all den Jahren …«

»Hältst du mich für senil?«, bellte sie. »Werd ja nicht frech!« Mit einer ärgerlichen Geste winkte sie ihn hinter sich her ins Haus. »Komm rein. Schließ die Tür. Aber leise!«, kommandierte sie über die Schulter hinweg, während sie die Diele durchquerte.

»Aber leise ...«, murmelte Boerne und tat wie ihm geheißen wurde.

Er folgte seiner im Alter noch winziger gewordenen Lehrerin in ihr Wohnzimmer, einen kleinen Raum voller dunklem Holz und Gelsenkirchener Barock. Es roch nach Putzmittel und altem Menschen.

»Die Gemüsehändlerin an der Ecke erzählte mir, dass du Pathologe geworden bist«, sagte Frau Keller. »Hätte ich nicht gedacht, dass aus dir noch mal was wird.«

»Äh, ich bin selbst ganz erstaunt«, sagte Boerne mit verkniffenem Lächeln.

»Na, jetzt kannst du dich wenigstens nützlich machen und ausnahmsweise mal was Gutes tun, nachdem du mich in der Schule den letzten Nerv gekostet hast!«

Frau Keller steuerte auf eine mit braunem Furnier kaschierte Kühltruhe zu, die neben dem Wohnzimmerschrank stand, vermutlich hatte sie in der Küche keinen Platz mehr gefunden. Sie klappte die Gefriertruhe auf und sah Boerne auffordernd an. Er trat heran und zog verblüfft die Augenbrauen hoch.

»Da liegt ein toter Pudel drin«, stellte er so sachlich wie möglich fest.

Frau Keller senkte den Blick auf den toten Hund.

»Parzival«, hauchte sie mit einem Maß an Mitgefühl in der Stimme, das Boerne von ihr noch nie gehört und ihr auch nicht zugetraut hatte. Aber schnell hatte sie sich wieder im Griff und sah streng zu ihm auf.

»Er wurde ermordet«, stellte sie fest.

»Oh. Aha«, antwortete Boerne, der sich von einer Verlegenheit in die nächste getrieben sah. »Wer macht denn so was?«, fragte er, um wenigstens irgendwas zu sagen.

»Genau *das* will ich von *dir* wissen«, sagte Frau Keller scharf. »Ich bin mir sicher, er wurde vergiftet. Aber keiner will mir glauben. Ich war schon bei der Polizei. Aber die brauchen Beweise. Na ja, wenigstens haben sie *dich* geschickt.«

Boernes Kiefer klappte nach unten.

»Ich glaube, da liegt ein Missverständnis vor«, stammelte er. »Also … prinzipiell obduziere ich … nur Menschen.«

Frau Keller sah ihn verblüfft an. »Aber weshalb bist du dann hier?«

Mit einem entschuldigenden Lächeln suchte Boerne in seiner Sakkotasche nach dem Foto von Tobias Böhm und Helena Stettenkamp.

»Genau genommen –«, startete er einen Erklärungsversuch, der aber harsch unterbrochen wurde.

»Du traust dich zu mir, hörst dir mein Leid an … Ist das wieder nur ein Spaß von dir?«

»Nein, nein«, beeilte Boerne sich zu versichern, »ganz und gar nicht.« Aber wieder wurde ihm das Wort abgeschnitten.

»Stehen deine Freunde draußen und lachen sich kaputt?« Aufrechte Empörung stand in Frau Kellers Gesicht.

»Ich habe gar keine Freunde«, antwortete Boerne. Er versuchte es mit beschwichtigenden Gesten, aber Frau Keller schubste ihn in Richtung Ausgang.

»Raus hier!«, keifte sie. »Raus! Du hast dich kein bisschen geändert!«

Erst an der Wohnzimmertür gelang es ihm, das Foto aus der Tasche zu ziehen.

»Helena Stettenkamp und Tobias Böhm«, stieß er hervor und hielt ihr das Bild unter die Nase. »Beide sind auf diesem Foto.«

Frau Keller hielt inne und starrte es mit zusammengekniffenen Augen an.

»Sie waren in Ihrer Klasse?«, fragte Boerne.

Sie trat einen Schritt zurück und sah ihn mit hochgezogenen Brauen an. »Kann schon sein«, sagte sie gedehnt.

»Frau Keller, Tobias Böhm wurde ermordet ...«, sagte Boerne flehend.

»Genau wie Parzival!«, entgegnete sie entschieden.

Boerne nickte ergeben. »... genau wie Parzival, ja. Und ich suche nach Verbindungen zu der Familie Stettenkamp.«

Ein listiges Lächeln erschien auf Zita Kellers Gesicht.

»Sie waren in meiner Klasse«, sagte sie und schaffte es, von unten auf Boerne herabzusehen. »Ich erinnere mich gut. Aber mehr sage ich nicht. Es sei denn ...« Sie wandte den Kopf. Boernes Blick folgte dem ihren und landete auf der Gefriertruhe.

Resigniert ließ er die Schultern sinken.

***

»Ihre Karte wurde eingezogen. Bitte wenden Sie sich an einen unserer Mitarbeiter am Bankschalter.«

Thiel starrte fassungslos auf das Display des Geldautomaten, der gerade seine Scheckkarte verschluckt hatte.

»Das gibt's doch wohl nicht«, murmelte er. Er zog sein Handy aus der Tasche und wählte die Nummer seines alten Herrn.

»Hier ist der Herbert«, hörte er den Anrufbeantworter sagen. »Und jetzt werd los, was du zu sagen hast.«

»Vaddern, ich bin's«, blaffte er ins Telefon. »Sag mal, ich dachte, du hast die achttausend Euro letzte Woche zurücküberwiesen? Ich hab *keinen Pfennig* auf meinem Konto. Meine Karte wurde gerade eingezogen, und mein Kühlschrank ist leer! Seit Tagen! Ich brauch meine Kohle zurück!«

Wütend beendete er das Gespräch. Das Handy begann wieder zu läuten, noch bevor er es zurück in die Tasche gesteckt hatte.

Nadeshdas Nummer stand im Display. Er meldete sich.

»Ich habe was gefunden: Unser Vorstandsvorsitzender Pleikart wurde von Franz Stettenkamp wegen Unterschlagung angezeigt.«

»Und? Was ist daraus geworden?«, fragte Thiel.

»Das Verfahren wurde eingestellt, aber erst vor zwei Wochen. Also *nach* dem Tod von Franz Stettenkamp.«

Thiel nickte zufrieden, damit ließ sich was anfangen.

»Da wäre noch was«, sagte Nadeshda. »Boris Stettenkamp hat mich eben angerufen. Er will mit mir einen trinken gehen. Er sitzt im ›Casino‹ und ist wohl schon ganz schön betrunken.«

Thiel runzelte die Stirn. »*Was* wollte er?«, fragte er ungläubig.

»Mit mir einen heben gehen. Soll ich dahin? Vielleicht wird er ja gesprächig.«

»Das lassen Sie mal schön bleiben«, brummte Thiel.

»Das mach ich. Ich bin eh in der Nähe.«

So weit kommt's noch, dachte er, dass Verdächtige in einem Mordfall mit der Staatsmacht rumpoussierten.

Diesem verwöhnten und versoffenen Millionärssöhnchen würde er schon den Marsch blasen.

Der als Portier verkleidete Türsteher warf einen mitleidigen Blick auf Thiels Windjacke und stellte sich ihm in den Weg, aber ein kleiner Wink mit dem Dienstausweis brachte ihn schnell dazu, ihm fast unterwürfig die Tür aufzuhalten.

Boris Stettenkamp saß oder vielmehr lümmelte sich auf einem der mit rotem Leder bezogenen Stühle an einem Tisch mitten im Restaurant. Neben ihm saß eine junge Blondine. Sie schien nicht ganz so blau wie Stettenkamp, aber nüchtern war sie auch nicht. Vor ihnen standen die Reste eines opulenten Mahles und eine halb volle Flasche Schampus.

Für Thiel war sie halb leer. »Moin«, sagte er, als er an den Tisch trat.

»Hey, hab ich nicht Ihre Kollegin bestellt?«, fragte Stettenkamp und grinste ihn an. Die Blondine kicherte.

»Wenn ich das gewusst hätte, hätt ich mir 'n Kleid angezogen«, sagte Thiel. »Darf ich?«, fragte er rhetorisch, als er schon am Tisch saß.

Stettenkamp legte den Arm um die Blondine. »Nichts gegen Sie persönlich«, sagte er und grinste dabei die Frau anzüglich an, »aber was wir mit der kleinen Nadeshda vorhatten, geht schon rein physisch nicht mit Ihnen.«

Die Blondine lachte albern.

»Jetzt reißen Sie sich mal 'n bisschen zusammen, sonst nehme ich Sie fest wegen Beamtenbeleidigung«, fauchte Thiel.

Boris Stettenkamp sah ihn konsterniert an, und die Blondine zog einen verächtlichen Schmollmund.

»Und jetzt schicken Sie mal Ihre Gespielin da weg«, setzte Thiel hinzu.

Die Frau sah ihn empört an, aber Stettenkamp machte ihr mit einem Fingerzeig klar, dass sie abhauen sollte. Mit einem bösen Blick auf Thiel verzog sie sich zur Bar.

Stettenkamp beugte sich vor. »Haben Sie keinen Humor?«, fragte er leise.

»Nö«, antwortete Thiel und ging in medias res. »Ihre leibliche Mutter hat behauptet, dass Ihr Großvater kurz vor seiner Ermordung die gesamte Familie enterben wollte.«

Stettenkamp lachte spöttisch auf.

»Meine Mutter«, sagte er mit einer verächtlichen Handbewegung, »ist eine frustrierte alte Frau mit paranoiden Verschwörungstheorien.«

»Ah ja«, sagte Thiel. »Und dass Ihr Großvater Sie aus der Firma werfen wollte, falls Sie nicht eine Entziehungskur machen, das ist auch nur so eine Behauptung.«

Stettenkamp lehnte sich in seinem Sessel zurück und schüttelte den Kopf. »Ach … Der alte Geizkragen konnte mich nie leiden. Ich liebe die Verschwendung, wie man sehen kann. Aber bin ich deshalb verdächtig?«

»Tja … Wie ist eigentlich Ihr Verhältnis zu Ihrer Stiefmutter Sieglinde?«, fragte Thiel.

Ein kleines Leuchten trat in Stettenkamps verquollene Trinkeraugen. »Sie hat einfach Klasse, wie Sie vielleicht schon bemerkt haben dürften«, sagte er.

Thiel sah auf, als er jemanden hereinkommen sah. »Wen haben wir denn da?«, fragte er spöttisch.

Stettenkamp wandte sich zur Tür.

Pleikart hatte das Restaurant betreten und steuerte auf ihren Tisch zu.

»Ach, Cousin, wie kommst du denn hierher?«, fragte Stettenkamp ironisch.

»Es spricht sich rum, dass du schon mittags Party machst«, sagte Pleikart. »Komm mit nach Hause.«

Er versuchte Stettenkamp vom Stuhl hochzuziehen, aber der wehrte seinen Griff ab. Thiel lehnte sich zurück und beobachtete die Szene entspannt.

»Der Mann für alle Fälle in der Familie«, stellte er fest.

Stettenkamp lachte auf. »Ja. Richtig. Immer wenn's brennt, kommt Frederick und löscht das Feuer.«

Pleikarts Miene wurde noch finsterer, als sie ohnehin schon war.

»Steh auf. Wir gehen«, sagte er.

»Ach übrigens, Herr Pleikart«, sagte Thiel. »Professor Scherer hat ausgesagt, dass Sie ihn massiv unter Druck gesetzt haben, den Totenschein zu fälschen.«

Pleikart erstarrte für einen Moment. Sein Blick fuhr durch den Raum. Einige Gäste sahen zu ihnen herüber. Aber Pleikart fing sich schnell wieder.

»Ich werde mich dazu nicht äußern«, sagte er ruhig. »Komm jetzt endlich, Boris.«

Er packte den widerstrebenden Boris Stettenkamp mit beiden Händen am Oberarm und zerrte ihn hoch. Boris versuchte sich zu befreien und taumelte rückwärts, als es ihm gelang – rückwärts gegen den Tisch. Teller und Gläser rutschten klirrend von der Platte, ein großer Teil der Bescherung landete auf Thiels Schoß, darunter ein nicht unerheblicher Rest in Tomatensoße getränkter Spaghetti.

Die anderen Gäste tuschelten lautstark. Ein Kellner näherte sich, aber Boris Stettenkamp verscheuchte ihn mit einer heftigen Handbewegung wieder.

»Aber nein! Ich bleib hier, jetzt wird's doch erst interessant«, sagte er und setzte sich wieder an den derangierten Tisch. »Haben Sie *noch* was?«

»Franz Stettenkamp hat Sie kurz vor seinem Tod wegen Unterschlagung angezeigt«, sagte Thiel, während er versuchte, wenigstens den gröbsten Schaden mit Hilfe einer Stoffserviette zu beheben. »Jetzt ist er tot, und Sie sind sein Nachfolger.«

Pleikart nickte. »Verstehe. Ich bin also für Sie der Mörder.«

Boris Stettenkamp schien sich prächtig zu amüsieren. »Im Moment siehst du jedenfalls ziemlich verdächtig aus«, sagte er.

»Cornelius wurde nach Franz Stettenkamps Tod neuer Geschäftsführer«, sagte Pleikart. »Nicht ich.«

Thiel sah überrascht von seinen Reinigungsarbeiten auf.

»Da hat er recht.« Boris Stettenkamp zuckte bedauernd die Achseln. »Mein Daddy wollte nicht so recht und hat Pleikart die Leitung der Firma praktisch geschenkt.«

»Jetzt stürzt Ihr Kartenhaus zusammen, was?«, fragte Pleikart und funkelte Thiel böse an.

»Gehörte die Tochter des Hauses mit zum Geschenk?«, fragte Thiel zurück.

Pleikart ballte die Fäuste. »Was erlauben Sie sich?«, zischte er.

Stettenkamp drehte sich lachend zu ihm um. »Schauen Sie, wie er dasteht. Wie ein *Boxer*!« Wie ein Ringansager zerdehnte er Pleikarts Vornamen. »*Fre-de-rick ...!* Er hat alles, was mir fehlt. Willen, Ehrgeiz und ein Ziel. Und jetzt ist er fast da, wo er immer hinwollte, das Einzige, was ihm noch fehlt, ist die Hand der Königstochter.«

Pleikart machte einen Schritt nach vorn und rammte Stettenkamp ansatzlos die Faust ins Gesicht.

»Hey«, sagte Thiel mit leichtem Protest. Mehr der Form halber. Er hatte eine Menge Verständnis für Pleikart.

Im Moment jedenfalls.

Mittlerweile hatten sich alle Gäste zu ihnen umgedreht. Das Getuschel war verstummt. Der Kellner wagte sich immer noch nicht an sie heran. Boris Stettenkamp war hier offenbar ein Kunde der allerhöchsten Kategorie.

Kein Wunder, dachte Thiel. Wenn man seinen nachmittäglichen Konsum auf den Abend und dann noch aufs Jahr hochrechnete, könnte er den Laden auch kaufen. Aber vielleicht hatte er das ja auch schon getan.

Boris Stettenkamp tastete sein Gesicht ab. Etwas Blut tropfte von seiner Oberlippe. Als er es bemerkte, begann er zu kichern. Offenbar amüsierte ihn die Unbeherrschtheit seines Cousins mehr, als der Schlag schmerzte.

»Steh jetzt auf!«, herrschte Pleikart ihn an. Immerhin wehrte Boris sich jetzt nicht mehr, als er erneut hochgezogen wurde.

»Haben Sie noch was vorzubringen, oder können wir jetzt gehen?«, fragte Pleikart.

»Ich glaube, das reicht für heute«, sagte Thiel freundlich.

***

»Ihre Habgierthese wackelt beträchtlich«, rief Thiel über die Schulter Boerne zu, der an dem Labortisch unter dem großen Gustav-Mahler-Porträt mit diversen Chemikalien hantierte. »Jedenfalls wenn das stimmt, dass zuerst Cornelius die Macht hatte, sie aber dann freiwillig wieder abgegeben hat.«

Thiel stand in Unterhose vor dem Waschbecken in Boernes Labor und versuchte vergeblich, mit hartnäckigem Schrubben die Tomatensoße aus dem Schritt seiner Jeans zu entfernen. Der Auftritt im ›Casino‹ hatte durchaus Spaß gemacht, aber die Sache mit der Hose war lästig.

Er hatte nämlich gerade keine saubere im Schrank. Und eine neue kaufen ging ja leider nicht.

Mit einem Reagenzglas in der Hand kam Boerne zu ihm herüber.

»Jetzt kommen Sie bloß nicht wieder mit Ihrem ›Familiengeheimnis‹«, sagte er. »Was ist, wenn Pleikart Cornelius erpresst hat und dieser Philosoph das Zepter gar nicht so freiwillig abgegeben hat?« Er reichte Thiel das mit einer roten Flüssigkeit gefüllte Reagenzglas und deutete auf die Hose in Thiels Händen. »Probieren Sie's mal damit …«

Thiel roch vorsichtig daran, bevor er den Inhalt auf den Stoff kippte, wo er sich nach einem kurzen Aufzischen gemeinsam mit dem Fleck in Luft auflöste. Thiel war beeindruckt.

»Danke«, sagte er und hoffte, dass die Hose diese Art von Behandlung überstehen würde. »Was haben Sie denn bei Ihrer alten Lehrerin über die Kinderfotos rausgefunden?«

»Ja, Thiel … ich bin dabei«, antwortete Boerne ungewohnt unsouverän. »Aber ich sage Ihnen: Sie suchen immer noch nach einem Gespenst«, setzte er dann entschieden hinzu.

»Erst mal suche ich nach Cornelius. Der scheint irgendwie unsichtbar geworden zu sein«, sagte Thiel und überlegte, was er jetzt mit seiner nassen Hose anfangen sollte.

Silke Haller kam ins Labor. »Der Hund wäre jetzt aufgetaut …«, sagte sie zu Boerne und verstummte betreten, als sie Thiel bemerkte.

»Äh, gut, Alberich«, sagte Boerne eilig. »Ich kümmere mich gleich drum.«

»Was für ein Hund?«, fragte Thiel verständnislos.

»Äh, ist eine Art Parallelfall«, antwortete Boerne abwiegelnd.

»Parallelfall?« Thiel sah fragend zu Haller, aber die wich seinem Blick aus und verließ das Labor eilig wieder.

»Bitte, lassen Sie uns das nicht vertiefen«, sagte Boerne ärgerlich. »Und was Cornelius angeht: Versuchen Sie es doch mal in dieser Studentenkneipe. ›Eulenspiegel‹ heißt die, wenn ich mich recht erinnere.«

Damit folgte er seiner Assistentin hinaus und ließ Thiel mit seiner nassen Hose allein.

ACHT

Das »Raucherclub«-Schild am Eingang hätte es nicht gebraucht. Dass im »Eulenspiegel« geraucht wurde, war schon in ein paar Metern Abstand auf der Straße zu riechen. An der Tür hing ein Plakat, das für eine Signierstunde von Cornelius Stettenkamp und sein neuestes Werk »Das ewig Böse« warb.

Thiel schloss sein Rad ab und betrat das Lokal, das irgendwann in den Siebzigern seine große Zeit gehabt und sein Konzept unverändert ins neue Jahrtausend gerettet hatte. Dementsprechend gab es unter den ziemlich zahlreichen Gästen zwar etliche, die wie eingeschriebene Studenten aussahen, die ehemaligen waren aber klar in der Überzahl.

Die Signierstunde schien bereits gelaufen zu sein, zumindest war Cornelius Stettenkamp nicht mit Signieren beschäftigt. Er saß im hinteren Teil der Kneipe und spielte Schach. Neben ihm war allerdings ein Stapel Bücher aufgetürmt.

Rein optisch passte Stettenkamp in seinem Knitteranzug besser in diesen Laden als an die Seite der kühlen Lady, mit der er verheiratet war.

Seinen Schachgegner konnte Thiel zunächst nicht ausmachen, da er durch den Zigarettenautomaten verdeckt war, aber als er ihn beim Näherkommen zu Gesicht bekam, stockte sein Schritt.

»Das darf ja wohl nicht wahr sein«, murmelte er.

Der Mann wandte ihm den Rücken zu, ein schütterer Zopf fiel über die braune Lederweste. Es war Thiels alter Herr.

»Guten Abend, Herr Kommissar«, sagte Cornelius, der ihn als erster wahrnahm.

»Moin«, antwortete Thiel.

Sein Vater fuhr auf seinem Stuhl herum und sah ihn erschrocken an.

»Schönen guten Abend, Herr Thiel«, sagte Thiel sehr betont.

»Ja ... äh ... hallo«, antwortete Herbert und begann hastig, seine Sachen zusammenzusuchen. »Ja, ich bin dann mal weg. Ihr habt sicher was zu besprechen.«

Als er aufstehen wollte, drückte sein Sohn ihn an der Schulter wieder auf den Stuhl zurück.

»Du bleibst schön hier, mit dir will ich gleich auch noch reden.«

»Ja sicher.« Irgendwie schaffte Herbert es doch, aufzustehen und sich aus dem Griff seines Sohnes zu befreien. »Ruf an«, sagte er und ging sofort Richtung Tür.

»Vergiss den Scheck nicht«, rief Stettenkamp ihm hinterher.

»Ach ja ...« Herbert kam noch einmal zurück, sorgsam darauf achtend, außerhalb von Thiels Reichweite zu bleiben.

»Scheck? Was für ein Scheck?«, fragte Thiel und sah erstaunt, dass Cornelius seinem Vater ein unterschriebenes Scheckformular reichte.

»Ich helfe Ihrem Vater ein bisschen aus«, sagte Stettenkamp mit einer großzügigen Geste.

»Was? Ich habe dir doch grad erst Geld geliehen!« Thiel beugte sich über den Tisch und riss seinem Vater den Scheck aus den Fingern.

»Gib den mal schön zurück«, sagte er und reichte ihn wieder an Stettenkamp.

»Seien Sie doch nicht so streng«, sagte Stettenkamp

und sah ihn tadelnd über den Rand seiner Brille an. »Für einen todsicheren Tipp würde ich schon mal was riskieren.«

»Tipp? Was für ein Tipp?«, fragte Thiel, aber sein Vater war schon wieder in Richtung Tür unterwegs. »Bin gleich wieder da«, sagte Thiel zu Stettenkamp und lief hinter Herbert her.

Kurz vor der Tür erwischte er ihn am Ärmel und zerrte ihn in die Nische vor den Toilettentüren.

»Um was geht's da?«, zischte er.

»Um ein Pferderennen«, sagte Herbert und faltete den Scheck säuberlich zusammen. »Mach dir keine Sorgen, Junge. Ich werde bald reich sein.«

Thiel lief rot an. »Sag mal, hast du sie noch alle?«, blaffte er. »Ich habe dir das Geld für ein neues Taxi geliehen und nicht …«

»Danach werde ich mir eine ganze Flotte leisten können«, sagte Herbert und steckte den Scheck in die Brusttasche seiner Lederweste. »Und *du* kannst bei mir einsteigen.«

Thiel bemühte sich, ruhig zu atmen. »Gib mir mein Geld wieder!«, sagte er heftig.

»Geht nicht«, sagte Herbert. »Das ist bereits im Wettbüro.«

»Und wo ist das?«, brüllte Thiel.

»Darf ich dir nicht sagen«, sagte Herbert und senkte die Stimme. »Das ist ein illegales.«

»Wie, illegal?« Thiel sah seinen Vater mit offenem Mund an. Der Alte schaffte es immer wieder, noch einen draufzusetzen.

»*Du* bist Beamter«, sagte Herbert. »*Du* hast 'ne sichere Altersversorgung. Unsereins muss gucken, wo er bleibt.«

Damit ließ er seinen Sohn stehen, schlängelte sich

durch das Gedränge und war aus der Tür, bevor Thiel seine Fassung wiedergewonnen hatte. Wütend hieb er mit der Faust gegen die Wand. Er zählte innerlich bis zehn, um sich zu beruhigen. Erst als ihm das halbwegs gelungen war, ging er zurück zu Stettenkamps Tisch und setzte sich.

»Es tut mir leid«, sagte Stettenkamp, »dass Sie und Ihr Vater ...«

Thiel winkte ab.

»Reden wir nicht drüber. Stimmt es, dass Sie nach dem Tode Ihres Vaters Franz Stettenkamp die Leitung des Konzerns freiwillig an Frederick Pleikart abgegeben haben?«

»Ja, das stimmt.« Stettenkamp lehnte sich entspannt in seinem Stuhl zurück. »Ich habe mich nie für Macht und Geld interessiert. Sehr zum Leidwesen meines Vaters.« Er lächelte sanft. »Aber ich habe gelernt, damit umzugehen.«

Eine junge Studentin trat schüchtern an ihren Tisch. Stettenkamp sah sie freundlich an.

»Herr Professor Stettenkamp ...«, sie lächelte scheu, »würden Sie mir Ihr Buch signieren?«

»Aber selbstverständlich. Wie war denn Ihr Name?«

»Natalia ...«

Stettenkamp nahm ein Exemplar von dem Stapel neben sich und schrieb seinen Namen und eine Widmung auf das Vorsatzblatt. Natalia lächelte glücklich, als sie mit dem Buch abzog.

»Wollen Sie nicht auch eins haben, Herr Kommissar?«

Thiel kratzte sich am Ohr. »Was steht denn drin?«

»Lesen Sie's doch einfach«, sagte Stettenkamp und nahm ein weiteres Buch von seinem Stapel.

»Es geht um ›Das ewig Böse‹ … im Menschen.«
»Warum nicht …« Thiel zuckte ergeben die Achseln. »Vielleicht kann die Polizei ja was draus lernen.«

Cornelius Stettenkamp schmunzelte, während er seinen Namen hineinschrieb und Thiel das Buch über den Tisch zuschob.

»Wie war das Verhältnis zu Ihrem Vater?«, fragte Thiel.

Das Schmunzeln verschwand wieder aus Stettenkamps Gesicht.

»Wahlweise nannte er mich Nichtsnutz, Schmarotzer und Versager«, sagte er ernst. »Ich glaube, meine geisteswissenschaftliche Karriere hat ihm nie sonderlich imponiert.«

Thiel nickte verstehend. Das Gefühl, dass eine Karriere vom Vater nicht anerkannt wurde, kannte er auch. Bedauerlicherweise aber stellte sich die Lage innerhalb der Familie Thiel zumindest in wirtschaftlicher Hinsicht anders dar.

Völlig anders.

»Wo waren Sie, als Ihr Vater starb?«, fragte er.

»Im Bett. In unserer Stadtwohnung. Allein.« Stettenkamp lächelte bedauernd. »Ich hab also kein Alibi.«

Er stützte die Ellbogen auf und sah ihn über den Rand der Brille hinweg an. Er sah genauso aus, wie Thiel sich einen Philosophieprofessor vorstellte.

»Sagt Ihnen der Name Tobias Böhm etwas?«, fragte Thiel.

Stettenkamp runzelte die Stirn und überlegte ein paar Sekunden.

»Nein«, sagte er schließlich. »Sollte er das tun?«

***

Thiel traute seinen Augen nicht, als er die Pathologie betrat. Boerne stand am Seziertisch, und darauf lag etwas, was aus der Entfernung wie ein Pudel aussah, und daran änderte sich auch nichts, als er näher heranging. Es blieb ein Pudel.

»Das ist also der Parallelfall?«, fragte Thiel ungläubig.

Dass der Pudel tot war, war das einzig Normale an der Situation.

Boerne seufzte und ließ die Schultern sacken.

»Das verstehen Sie sowieso nicht«, sagte er gereizt.

»Vielleicht haben Sie dann die freundliche Güte, mir das zu erklären?«, fragte Thiel nicht minder gereizt zurück. Dass ihm Heimlichtuerei auf die Nerven ging, sollte der Professor eigentlich mittlerweile wissen.

»Selbsttherapie posttraumatischer Kindheitserlebnisse«, sagte Boerne und rammte sein Skalpell derart entschlossen in den kleinen Körper, dass Thiel unwillkürlich zurückzuckte.

»Wie bitte?«, fragte er.

»Ich hab doch gesagt, Sie würden es nicht verstehen«, sagte Boerne und griff nach einer groben Zange.

»Jetzt langt's mir aber!«, bellte Thiel. »Dann frag ich eben selbst Ihre Lehrerin!«

»Nein«, sagte Boerne entschieden und zerrte mit der Zange an den Rippen des toten Tieres herum. »Tun Sie das bloß nicht!«

Thiel wollte dem Professor gerade erläutern, wohin er sich sowohl seine Post als auch sein Trauma stecken könne, aber sein Handy unterbrach ihn. Wütend zerrte er es aus der Jackentasche und meldete sich.

Es war Nadeshda.

Frederick Pleikart war tot aufgefunden worden.

NEUN

Die Stettenkamp'sche Fabrik stammte noch aus dem beginnenden 20. Jahrhundert. Sie war ein verwinkelter, verschachtelter Komplex, in dem man sich ohne ortskundigen Führer normalerweise zwangsläufig verlief. Aber heute war es relativ einfach, sich zurechtzufinden, man brauchte nur den Blaulichtern auf dem Hof zu folgen.

Die meisten Polizeiwagen standen vor einem Treppenhaus am gegenüberliegenden Gebäude. Thiel und Boerne überquerten den Fabrikhof und stiegen in einem düsteren Backsteintreppenhaus in den dritten Stock hoch.

Der Raum war eine Mischung aus Werkstatt, Labor und Kochstudio. Auf Metallregalen lagerten große Mengen Mehl und Zutaten aller Art. Eine Unzahl von Küchengeräten, Herden, Öfen und Kühlschränken standen herum, auf den Arbeitsflächen Backbleche voller Kekse in verschiedenen Stadien der Verarbeitung.

Und mittendrin lag der Tote.

»Wer hat ihn gefunden?«, fragte Thiel.

»Die Putzfrau«, antwortete Nadeshda und zeigte auf eine Frau im Kittel, die ein paar Meter weiter von einem uniformierten Kollegen vernommen wurde.

Thiel wies in den Raum. »Was ist das hier eigentlich?«

»Das Backlabor. Hier werden all die Leckereien erfunden«, antwortete Nadeshda und lächelte genießerisch.

Boerne streifte sich Gummihandschuhe über und beugte sich zu dem toten Pleikart hinab. Er lag auf dem

Boden neben einer Arbeitsplatte. In seinen Mundwinkeln hing etwas, das wie ein kleiner Schokoladenrest aussah.

Boerne stand auf und sah sich um. Auf der Arbeitsplatte stand eine gläserne Servierplatte. Darauf lagen neben einem kleinen Pappaufsteller acht runde, schokoladenüberzogene Stücke Konfekt, jedes in einem kleinen Servierpapierchen. Daneben lagen vier leere dieser Papierchen.

Thiel trat heran und betrachtete das kleine Pappschild.

»Speranza-Konfekt«, stand darauf.

»Wurde er mit denen vergiftet?«, fragte er Boerne.

»Möglich ... Was wir hier haben, ist die Rehabilitierung meiner Habgierthese, mein lieber Thiel«, sagte er mit erhobenem Zeigefinger. »Der Mörder verfolgt einen weitsichtigen Plan.«

»Wieso das denn?«, fragte Nadeshda irritiert.

»Boerne meint, der Mörder räumt einfach diejenigen aus dem Weg, die vor ihm am Honigtopf naschen«, erläuterte Thiel.

»Richtig«, sagte Boerne. »Wir brauchen jetzt einfach nur die Erbreihenfolge ins Visier zu nehmen.«

»Cornelius hat erneut auf den Posten des Geschäftsführers verzichtet«, sagte Nadeshda. »Sieglinde Stettenkamp hat die Firmenleitung übernommen.«

Beim Namen Sieglinde Stettenkamp entfuhr Boerne ein triumphierendes »Ha!«. Zufrieden grinsend nickte er vor sich hin.

»Jetzt halten Sie mit Ihrem Wissen bloß nicht hinterm Berg«, maulte Thiel ihn an, was Boernes Zufriedenheit nicht im Geringsten schmälerte.

»Sieglinde! Natürlich«, sagte er, als stelle er etwas völlig Selbstverständliches fest. »Giftmorde werden von Frauen begangen!«

Thiel lächelte gequält und hoffte, dass Boerne sich nicht eines Tages Mike Hammer statt Miss Marple zum literarischen Vorbild wählte.

***

Vor dem Tor zum Anwesen der Stettenkamps stand ein bulliger Mann mit Glatze, Sonnenbrille und einem schwarzen Anzug, der sich unter der linken Achsel ziemlich ausbeulte. Der Gorilla inspizierte Thiels Dienstausweis, als sei er jemand, der ohne Genehmigung aus der DDR auszureisen versuchte.

Endlich winkte er ihn durch. Im Park und im Hof des Wasserschlosses standen überall ähnlich finster dreinblickende Gestalten herum.

Polizeischutz hatten die Herrschaften abgelehnt. Man vertraute dieser Privatarmee offensichtlich mehr als dem öffentlichen Dienst.

Thiel fragte sich, was Cornelius Stettenkamp als Philosoph wohl davon hielt. Wahrscheinlich musste jemand, der an das »ewig Böse« im Menschen glaubt, auch an das Recht glauben, sich nach seinen Möglichkeiten gegen dessen Wirken zu verteidigen. Aber Thiel bezweifelte, dass man Cornelius' Rat zu diesem Thema überhaupt eingeholt hatte.

Er stellte das Rad neben einem der Gorillas an der Haustür ab.

»Schön drauf aufpassen«, sagte er und lief die Treppe hoch.

Vor der Tür wartete ein Bote mit zwei großen Paketen. Thiel fragte sich, wie der es mit seinem Wagen überhaupt durch die Kontrolle geschafft hatte. Er grüßte den Mann mit einem Nicken, und sie warteten gemeinsam darauf, dass ihnen geöffnet wurde. Als Thiel beiläufig die Etiketten der Pakete studierte, stutzte er.

»Böhm'sche Fußbrause« stand darauf.

Die Tür öffnete sich, und ein weiterer Securitymann starrte sie misstrauisch an. Aber Boris Stettenkamp stand hinter dem Mann in der Halle und erkannte Thiel.

»Kommen Sie rein, Herr Kommissar«, rief er, und der Gorilla gab den Weg frei.

Boris Stettenkamp hielt statt eines Glases diesmal eine offene Konservendose in der Hand, aus der er mit einer Gabel aß.

»Diesen Büchsenfraß müssen wir jetzt jeden Tag essen«, sagte er mit halb vollem Mund. »Haben wir dem Giftmörder zu verdanken.«

»Königsberger Klopse in weißer Rahmsauce« stand auf der Büchse, und Thiel konnte das Problem nicht erkennen.

»Es gibt Schlimmeres«, sagte er.

Von so was ernährte er sich schließlich das ganze Jahr.

Boris Stettenkamp grinste und stellte die Dose auf dem Kaminsims ab.

»Wahrscheinlich haben Sie recht«, sagte er. »Essen wird sowieso überschätzt.«

Von der Tür her kam der Gorilla mit den beiden Fußbrause-Paketen auf dem Arm auf sie zu.

»Da ist eine Lieferung von einer Apotheke gekommen. Soll das Zeug untersucht werden?«, fragte er.

Boris winkte ab. »Nee, bring es in den Keller«, sagte er.

»Und wohin da?«

»Wirst du schon sehen.«

Der Mann öffnete eine schwere antike Tür mit dicken

eisernen Beschlägen, und Thiel sah interessiert zu, wie er mit den Paketen darin verschwand.

»Ah, Herr Kommissar ...«, sagte plötzlich eine kühle Stimme hinter ihm.

Er wandte sich um. Sieglinde und Helena Stettenkamp kamen in Begleitung eines Bodyguards die Treppe herunter. Beide trugen Reitkleidung und Sieglinde das offenbar unvermeidliche strenge Kopftuch.

»Was führt Sie zu uns?«, fragte sie. »Möchten Sie sich als Vorkoster bewerben?«

»Nein danke«, antwortete Thiel. »Ich bin grad auf Nulldiät. Gehen Sie jetzt etwa reiten?«

»Seien Sie unbesorgt«, sagte Sieglinde. »Wir haben Personenschutz und werden auch von keiner Schokolade naschen, die uns ein Fremder anbietet. Darauf können Sie Gift nehmen.«

Thiel rang sich ein Grinsen ab. »Na, Sie haben ja die Ruhe weg«, sagte er.

Die Damen hatten den Fuß der Treppe erreicht und blieben vor ihm stehen. Der Bodyguard hielt sich diskret im Hintergrund.

»Morgen kommt der Bundestrainer der Springermannschaft«, sagte Sieglinde Stettenkamp aufreizend sachlich. »Es geht immerhin um Helenas Teilnahme an der Europameisterschaft. Wir können deshalb trotz der Widrigkeiten das Training nicht ausfallen lassen.«

»Widrigkeiten?« Thiel lachte ungläubig auf. »Na klar, es sind ja auch nur zwei Menschen *etwas widrig* aus dem Leben geschieden ... Vielleicht sind *Sie* die Nächste?«

Ein feines Lächeln kräuselte Sieglindes Lippen, während sie antwortete. »Wir nehmen die Bedrohung durchaus ernst, Herr Kommissar. Aber wir Stettenkamps haben uns noch *nie* auf die Polizei verlassen.«

»Wahrscheinlich aus gutem Grund«, knurrte Thiel.

»Sie hätten sich eben anmelden sollen«, sagte Sieglinde. »Ich gehe jetzt mit meiner Tochter zum Training, und es gibt nichts, was uns daran hindern könnte.«

Thiel zuckte die Achseln. »Schön. Dann werde ich Sie ins Präsidium vorladen lassen.«

»Tun Sie, was Sie nicht lassen können«, antwortete Sieglinde spöttisch und ging an ihm vorbei zur Tür.

Ihre Tochter folgte. Als sie an ihm vorbeiging, sah sie ihm kurz in die Augen. Sie wandte den Blick sofort wieder ab, aber Thiel nutzte die Situation.

»Wann haben Sie Pleikart zum letzten Mal gesehen?«, fragte er sie.

Helena zögerte kurz, bevor sie antwortete.

»Gestern Nachmittag, bei einer Besprechung«, sagte sie.

Sieglinde Stettenkamp stoppte und drehte sich um. Wütend funkelte sie Thiel an.

»Und was gab's zu besprechen?«, fragte Thiel.

»Das neue Speranza-Konfekt. Wir wollten es heute alle probieren.«

»Ein Glück für uns, dass Frederick gestern Nacht schon davon gekostet hat«, ließ Boris sich vernehmen. »Sonst wären wir jetzt alle tot.«

»Wer hat denn alles Zugang zum Backlabor?«, fragte Thiel.

»Praktisch jeder«, antwortete Sieglinde spöttisch. »Wir haben vier Köche, sieben Lehrlinge und noch mal so viele Aushilfen. Es wartet also eine Menge Arbeit auf Sie.«

»Ich glaube, so viele werd ich gar nicht befragen müssen«, sagte Thiel gut gelaunt. »Mir reichen da schon ein paar Stettenkamps.«

Sieglindes Blick durchbohrte ihn. Sie lächelte eisig.

»Jetzt schau sich einer mal diesen Kommissar an …«

Sie hob ihre Reitgerte, und Thiel dachte schon, sie habe vor, auf ihn loszugehen. Aber sie tippte nur mit dem Griff an ihre Schläfe.

»Wollen Sie etwa behaupten, dass der Mörder aus der Familie kommt?«

»Sagen wir mal so«, sagte Thiel und grinste sie entspannt an, »es würde mich wundern, wenn nicht.«

Ohne ein weiteres Wort drehte sie sich zur Tür, die der Bodyguard eilig für sie öffnete. Die Damen Stettenkamp rauschten hinaus.

»Viel Spaß beim Reiten«, rief Thiel ihnen nach.

»Wow!« Boris klatschte begeistert Beifall. »Mir reichen da schon ein paar Stettenkamps!« Mit anerkennendem Lachen boxte er Thiel in die Rippen.

»Sagen Sie, kann ich mal Ihre Toilette benutzen?«, fragte Thiel.

»Hinten links«, sagte Boris. Er wies auf eine Tür in der Nähe des Kellereingangs und verabschiedete ihn mit einem Schulterklopfen.

»Danke«, sagte Thiel und steuerte auf die Toilette zu.

Mit einem Blick über die Schulter stellte er fest, dass Boris die Treppe hochstieg. Bodyguards waren auch nicht in Sicht, er war allein in der Halle. Mit ein paar schnellen Schritten war er an der Kellertür und stieg die steile Treppe dahinter hinab.

Sie führte in einen schmalen Gang, der wiederum in einem niedrigen, lang gestreckten Raum endete, dessen Wände komplett mit Regalen bedeckt waren.

Thiel schüttelte perplex den Kopf. Die Regale waren komplett gefüllt mit Kartons. Kartons, wie sie eben der Gorilla hier heruntergetragen hatte.

Er ging an den Regalen entlang und versuchte, wenigstens überschlägig die Kartons zu zählen – er kam auf mindestens zweihundertfünfzig.

Als er näher herantrat, entdeckte er, dass jeder der Kartons mit einer Monats- und Jahresangabe versehen war. Es gab zwei Kartons aus jedem Monat. Das älteste Datum, das er entdeckte, war der Mai 94.

Er zog einen Karton aus dem Regal und riss ihn auf. Er war tatsächlich bis zum Rand gefüllt mit Papiertüten, wie er sie in Böhms Apotheke gesehen hatte.

Die Gesamtmenge war schier unfassbar. Er hatte nicht die geringste Idee, was ein Mensch damit vorhaben mochte. Auf jeden Fall war die Stettenkamp'sche Fußschweißbekämpfung für die nächsten Generationen gesichert. Selbst wenn die Familie sich nicht selbst ausrotten sollte.

Er nahm eine Tüte aus dem Karton und hatte sie gerade in seine Jackentasche gesteckt, als die Tür des Lagerraumes geöffnet wurde und der Gorilla aus der Halle darin auftauchte.

»Was machen Sie hier?«, herrschte er Thiel im Kommandoton an.

»Hab ich's doch gewusst!«, herrschte Thiel zurück. »Sie haben den Karton falsch einsortiert.«

Der Gorilla sah ihn überfordert an. »Hä?«, fragte er.

»Können Sie denn nicht lesen?«

Thiel tippte auf den Karton, den er gerade herausgezogen hatte. »Die sind nach *Jahreszahlen* geordnet.«

Er zeigte die Regale entlang. »1998, 2000, 2004, 2006. Sehen Sie?«

Jetzt nickte der Gorilla. Er hatte tatsächlich verstanden. Thiel versuchte, sich nicht anmerken zu lassen, dass er erleichtert aufatmete.

»Dahinten gehört er rein«, sagte er und drückte dem Mann den Karton einfach in die Hände.
»Danke«, sagte der.
»Gern geschehen«, antwortete Thiel und sah zu, dass er aus der Tür kam.

ZEHN

»Fortuna Imperatrix Mundi« schallte durch die Gänge der nächtlichen Rechtsmedizin. Thiel gähnte, während er die leeren Flure entlangstiefelte.

Boerne saß auf einem Hocker neben dem Tisch mit dem dahingeschiedenen Frederick Pleikart und füllte sehr unappetitlich wirkende Gegenstände biologischen Ursprungs in ein Reagenzglas.

Neben ihm stand ein imposanter Gettoblaster, aus dem die »Carmina Burana« so laut dröhnten, dass Boerne Thiel erst bemerkte, als der die Stopptaste drückte.

»Um die Zeit kann man wenigstens mal richtig aufdrehen«, sagte Boerne fröhlich.

»Ich würd lieber mal richtig durchschlafen«, maulte Thiel. »Was ist denn so dringend, dass Sie mich um diese Uhrzeit noch hierherzitieren?«

Boerne streckte den Arm aus und hielt ihm das Reagenzglas unter die Nase. Ein übler Geruch ging davon aus, und Thiel zog schnell den Kopf weg.

»Pleikarts Mageninhalt«, sagte Boerne und stellte das Reagenzglas wieder ab. »Wie erwartet war Eisenhut die Todesursache. Das eigentlich Interessante am Inhalt seines Magens aber ist der Anteil an Schokolade. Der ist nämlich geringer, als er sein dürfte. Entspricht genau der Menge …«, Boerne spreizte zwei Finger ab, »von zwei Stück Konfekt. Auf dem Tablett fehlten aber …«, er hielt Thiel vier Finger vor die Nase, »vier! Das heißt, der Mörder muss die beiden anderen selbst gegessen haben.«

Boerne stand von seinem Hocker auf, ging in Richtung der Waschbecken und streifte sich derweil die Handschuhe von den Fingern.

»Moment mal!«

Thiel lief hinter ihm her.

»Das würde zwar erklären, wieso Pleikart so sorglos von dem Konfekt probiert hat – aber wie schafft es der Mörder, die beiden vergifteten Konfektstücke so zu platzieren, dass das Opfer sie auch wirklich nehmen musste?«

Boerne schloss den Wasserhahn und zerrte ein Papierhandtuch aus dem Spender.

»Gar nicht«, sagte er und ging zurück in den Obduktionssaal.

Thiel starrte ihm mit offenem Mund nach.

»Gar nicht«, wiederholte er. »Aha.«

Wieder rannte er Boerne hinterher. Der Professor nahm ein Tablett von dem Labortisch unter dem großen Gustav-Mahler-Porträt und hielt es Thiel hin. Auf dem Tablett war das Speranza-Konfekt, das Pleikart dahingerafft hatte.

»Weil jedes dieser Konfektstücke vergiftet war«, sagte Boerne.

»Wie bitte?«, fragte Thiel verblüfft.

Boerne lobte sich selbst mit einem sehr zufriedenen Lächeln für seine Pointe.

»Ein Rätsel!«, rief er aus.

Thiel nickte ungeduldig. Boerne hätte ihn nicht wegen eines ungelösten Rätsels herbestellt. Das würde die Eitelkeit des Professors gar nicht zulassen.

Boerne ging auch prompt zu seinem Schreibtisch. Er zog lässig ein sehr dickes blaues Nachschlagewerk aus der Schublade und warf es Thiel zu.

»Der Mörder muss vorher Unmengen des einzig bekannten Gegenmittels zu sich genommen haben«, sagte er.

Thiel schaffte es so gerade eben, schnell genug die Hände aus den Jackentaschen zu kriegen, um das kiloschwere Buch aufzufangen.

»Lidozepam! Seite 432, schauen Sie nach. Merkzettel steckt drin.«

»Ich glaub's Ihnen auch so«, brummte Thiel ungnädig und knallte das Buch auf die Tischplatte.

Boerne ließ sich lässig in seinen Chefsessel sinken und faltete entspannt die Hände.

»Na, da sind Sie aber mal wieder *mächtig* stolz auf sich«, sagte Thiel spöttisch.

»Ja«, sagte Boerne entschieden. »Denn, erstens: Ich liebe diesen Fall; zweitens: Dieser Fall liebt mich, und drittens steckt hinter diesen Taten so viel feine Raffinesse, so viel *hohe* Intelligenz ... Ich bin begeistert!«

Er strahlte Thiel an, der ihn einigermaßen beunruhigt musterte. »Sind Sie sicher, dass es Ihnen gut geht?«, fragte er vorsichtig.

»Fantastisch!« Boerne erhob sich gravitätisch aus seinem Sessel. »Und wissen Sie, was meine Laune ins Unendliche hebt?«

»Ich bin unendlich gespannt«, antwortete Thiel ergeben.

»Die Tatsache, dass Parzival ebenfalls vom Eisenhut genascht hatte.«

»Parzival«, wiederholte Thiel, in der Hoffnung, es dann besser zu verstehen.

»Ja. Mein Parallelfall«, sagte Boerne, als sei es das Selbstverständlichste auf der Welt. »Der kleine gefrorene Hund von meiner alten Lehrerin.« Er hob den Zeigefinger und deutete anerkennend auf Thiel. »Da hatten Sie wieder mal den richtigen Riecher! Ich werd mich gleich morgen drum kümmern.«

»Moment mal ...« Thiel versuchte das Gehörte zu verarbeiten, stieß aber so langsam an Grenzen. »Der Hund Ihrer Lehrerin wurde *auch* mit diesem Konfekt vergiftet?«

»Ja«, antwortete Boerne leichthin und war schon wieder unterwegs zu einem anderen Labortisch. Thiel dackelte hinterher.

»Aber nun zu etwas ganz anderem«, sagte Boerne und präsentierte die Papiertüte mit Fußbrause, die Thiel aus Stettenkamps Keller hatte mitgehen lassen. »Dieses ominöse Wundermittel gegen Fußschweiß aus der Böhmschen Apotheke enthält Minzöl, Rosmarin, Menthol, Schwefel und Kaliumpermanganat. $KMnO_4$. Haben die Stettenkamps das wirklich im Keller gestapelt?«

»Bis unter die Decke.«

Boerne nickte beeindruckt. Er griff sich einen Bunsenbrenner und zündete ihn an. Dann nahm er mit einem Spatel etwa einen Teelöffel von dem Pulver auf. Mit einem spitzbübischen Lächeln richtete er die Flamme darauf.

Die folgende Explosion war so grell, dass Thiel erschreckt die Arme vors Gesicht riss.

»Daraus kann man Bomben bauen«, dozierte Boerne. »So, und jetzt entschuldigen Sie mich bitte, ich habe noch andere unglaubliche Entdeckungen zu machen.«

ELF

Thiel versuchte, auf der nächtlichen Radtour nach Hause seine Gedanken zu ordnen.

Ein Giftmörder mit einem Gegenmittel, Tonnen eines waffenfähigen Fußschweißmittels, ein ermordeter Hund. Die Erkenntnisse, die der euphorische Professor ihm da eben vor den Latz geknallt hatte, bekam er beim besten Willen nicht zusammengereimt.

Als er sein Rad die Treppe rauf ins Hochparterre trug, war er so schlau als wie zuvor, und dass Helena Stettenkamp vor seiner Tür auf der Treppe hockte, machte die Sache auch nicht plausibler.

»Kommen Sie erst mal rein«, sagte er und schloss die Wohnungstür auf.

»Sind Sie gar nicht überrascht, dass ich hier bin?«, fragte sie erstaunt.

»Nicht wirklich«, murmelte Thiel und schob sein Rad in die Diele. »Immer hinein in die gute Stube«, sagte er.

Etwas zögernd kam sie hinter ihm her und sah sich leicht betreten um. Es war nicht aufgeräumt, aber Thiel war das herzlich egal. Die junge Frau war zwar wahrscheinlich die bestaussehendste, die jemals seine Junggesellenbude betreten würde, aber das hier war ausschließlich dienstlich, und er hatte nicht den Hauch eines Zweifels, dass es das auch bleiben würde.

Außerdem könnte er ihr Vater sein.

»Ich hatte schon immer das Gefühl, dass Sie mehr wissen, als Sie zugeben«, sagte er. »Bitte …« Er deutete auf die Tür zum Wohnzimmer.

Sie trat ein, setzte sich auf einen Sessel und schlang die Arme um die Knie.

»Was ist Ihnen denn noch eingefallen?«, fragte Thiel.

»Ich glaube, ich weiß jetzt, wer die Person im Nebenraum war«, sagte sie, ohne ihn anzusehen.

Thiel stand in der Tür und sah skeptisch auf sie hinab.

»Nämlich?«, fragte er.

Sie schwieg. Mit weit aufgerissenen Augen starrte sie vor sich hin, fast wie bei Boernes Hypnosenummer. Er wartete geduldig. Es war still im Zimmer, man konnte den Wasserhahn in der Küche tropfen hören.

»Es war meine Mutter«, sagte sie endlich.

»Sind Sie sicher?«, fragte Thiel.

»Ja …«, sagte sie leise und nickte, während sie weitersprach. »Immer wieder taucht dieses Bild vor mir auf … Wie sie dasteht … Mich anstarrt …«

Unverändert sah sie blicklos vor sich hin, nur ihr Kopf bewegte sich vor und zurück.

»Sie wissen, dass Sie Ihre Mutter damit schwer belasten«, sagte Thiel ruhig.

Sie nickte weiter. Dann, ganz unvermittelt, sah sie ihn an. »Kann ich heute Nacht bei Ihnen bleiben?«, fragte sie.

»Äh …«, antwortete Thiel.

Er war völlig überrumpelt.

»Ich brauche nur die Couch hier«, setzte sie eilig hinzu und zeigte auf seine Fernsehcouch.

Er verzog den Mund. Na gut, dachte er. Für die Glotze ist es sowieso zu spät. Er begann, die alten Zeitschriften vom Sofa zu räumen und schob die leeren Bierflaschen so in die Ecke, dass sie nicht störten.

»Ich hol Ihnen 'ne Decke«, sagte er und ging nach nebenan.

»Ich danke Ihnen«, sagte sie und schenkte ihm ein ganz bezauberndes Lächeln.

»Ach übrigens«, rief er ins Wohnzimmer hinüber, während er in seinem Kleiderschrank nach der alten Wolldecke wühlte. »Warum stapelt Ihre Familie eigentlich kistenweise Pulver gegen Fußschweiß im Keller?«

Er hörte sie leise lachen. »Großvater hat nie was weggeworfen«, sagte sie. »Er war sehr geizig.«

»Das Zeug ist explosiv«, sagte Thiel, als er mit der Decke wieder ins Wohnzimmer kam. »Ich habe die Feuerwehr informiert.«

Helenas Blick war völlig überrascht. »Das wusste ich nicht«, sagte sie.

Er reichte ihr die Decke und die Reisezahnbürste, die er neulich für das Auswärtsspiel in Kaiserslautern gekauft und dann zu Hause vergessen hatte.

»Keine Angst, die ist unbenutzt«, sagte er.

Er schlief schlecht in dieser Nacht, eigentlich gar nicht, was ihn dazu veranlasste, einfach früh aufzustehen. Als er aus dem Bad kam, stand Helena in der Wohnzimmertür und sah ihn verschlafen an. Ihm wurde klar, dass er außer löslichem Kaffee nichts zum Frühstücken im Haus hatte, was einen kurzen, aber heftigen inneren Fluch auf seinen alten Herrn zur Folge hatte.

Wie auch immer, er würde das Problem delegieren müssen. Eilig zog er sich an und schob sein Rad ins Treppenhaus. Dort drückte er so lange auf Boernes Klingel, bis der Professor in seinem karierten Morgenmantel vor ihm stand und ihn unbebrillt anblinzelte.

»Der Einzige, der so früh andere Leute stören darf, bin eigentlich ich«, sagte er.

»Können Sie sich um die junge Frau kümmern? Ich

muss dringend ins Präsidium«, sagte Thiel und flüchtete die Treppe runter, bevor Boerne eine Ablehnung formulieren konnte.

Boerne tastete auf der Kommode neben sich nach seiner Brille und setzte sie auf. Anerkennend zog er die Brauen hoch, als er entdeckte, wer da in Thiels Diele stand.
»Aha«, sagte er. »Die schöne Helena.«

***

Staatsanwältin Klemm schüttelte energisch die schwarze Mähne.
»Ich kann unmöglich gegen Sieglinde Stettenkamp einen Haftbefehl ausstellen«, knurrte sie. »Sie selbst haben gesagt, es sei alles Hokuspokus.«
Thiel saß hinter seinem Schreibtisch und hob bittend die Hände. »Aber jetzt, wo Helena meint, sich zu erinnern. Frau Staatsanwalt …«
»Nein!«, fiel Klemm ihm ins Wort. »Ich bleibe dabei. Ich habe mir wegen der Hypnosesache schon genug Ärger eingebrockt.«
Thiel verzog resigniert das Gesicht. Nadeshda kam durch die Tür.
»Die Stettenkamps haben der Feuerwehr den Zutritt auf ihr Gelände verweigert«, sagte sie.
Thiel schlug knallend die flache Hand auf den Schreibtisch und sprang wütend aus seinem Stuhl.
»Sehen Sie?«, sagte er lautstark zu Klemm. »Die machen, was sie wollen!«
Ärgerlich gestikulierend lief er im Büro auf und ab.
»Diese arroganten Patrizier denken, die Gesetze gelten für sie überhaupt nicht!«

Das Telefon auf seinem Schreibtisch läutete. Wütend riss er den Hörer von der Gabel.

»Thiel!«, bellte er hinein.

»Sie haut ab«, sagte Boerne am anderen Ende.

»Hat sie gesagt, wo sie hinwill?«, fragte Thiel.

»Nach Hause. Ihre Mutter konfrontieren.«

»Sie müssen sie aufhalten«, sagte Thiel eindringlich.

»Hab ich versucht. Ging nicht. Sie steigt gerade in ihren Wagen.«

Thiel knallte den Hörer auf die Gabel. »Das muss ich verhindern«, murmelte er. »Ich muss ihre Mutter sprechen, bevor *sie* es tut.«

Die schöne Strecke zu den Stettenkamps konnte er dieses Mal nicht recht genießen. Zunächst galt es, ein paar Abkürzungen zu nehmen. Die meisten davon waren nicht nur illegal, sondern zudem lebensgefährlich. Er rauschte in der Altstadt durch nur meterbreite Gassen.

Einen Kellner, der gerade ein Tablett zu den Tischen vor seinem Café trug, verfehlte er nur um Zentimeter. Das Tablett hörte er noch klirrend zu Boden gehen, dann war er schon um die Ecke, was ihm eine heftige Schimpftirade seines Opfers ersparte.

Er raste ungebremst weiter gegen die Einbahnstraße und entging knapp der Kollision mit einem Müllwagen.

Aber er wusste, dass er nur eine Chance hatte, wenn er in Fahrt und auf dem kürzesten Weg blieb. Es gab auf der Strecke von seiner Wohnung zu den Stettenkamps im Moment viele Baustellen mit Staus und Ampeln. Auf geradem Weg konnte er es schaffen.

Als er am Aasee entlangheizte, lief ihm fast ein Yorkshireterrier vors Rad, der, als er Thiel bemerkte, sofort seine Ausziehleine hinter sich her quer über den Weg zog, als mache er es extra. Der komplette Weg war versperrt. Thiel brüllte die Besitzerin des Viechs an, die darauf nur knapp einer Herzattacke entging. Aber Thiel schaffte es irgendwie ohne Sturz an den beiden vorbei.

Als er die schnurgerade Buchenallee entlanghetzte, die auf das Wasserschloss zuführte, kam er sich vor wie Erik Zabel. Am Tor des Anwesens versuchte einer der Gorillas ihm den Weg zu versperren.

»Polizei!«, brüllte er ihn an, und der Mann wich tatsächlich aus. Sein Rad schleuderte durch den Kies, als er vor der Tür des Hauses eine Vollbremsung machte. Mit gezogenem Dienstausweis lief er die Treppe hoch.

»Kriminalpolizei«, keuchte er. »Machen Sie die Tür auf.«

Der Bodyguard sah ihn nur misstrauisch an, was Thiel in gewissem Maße sogar verstehen konnte, denn es war derselbe Mann, den er gestern im Keller Kartons hatte umstapeln lassen. Aber jetzt war keine Zeit für Entschuldigungen.

»Die Tür auf, hab ich gesagt!«, schrie er den Mann an, und der gehorchte endlich.

In diesem Moment kam auch schon Helena in ihrem Beetle auf den Hof gerauscht. Thiel beeilte sich hineinzukommen.

Er fand Sieglinde Stettenkamp auf der Veranda zum Wassergraben hin. Die Fläche der Veranda war riesig, groß genug für einen Swimmingpool, dem die Dame offenbar gerade entstiegen war. Sie trug eine Badekappe und einen eleganten Bademantel in Altrosa.

»Guten Tag, Frau Stettenkamp«, sagte Thiel, immer noch außer Atem.

Sie erwiderte seinen Gruß nicht. Mit unverhohlenem

Widerwillen in der Miene ging sie zu einem Stuhl, über dessen Lehne ein dickes Frotteehandtuch hing.

»Ihre Tochter hat ausgesagt, sie wisse jetzt, wer die andere Person im Zimmer war«, sagte Thiel.

»So?« Sie war hörbar desinteressiert. Mit einer eleganten Bewegung schlang sie sich das Handtuch um den Hals.

»Das waren *Sie*«, sagte Thiel.

Sie fuhr zu ihm herum.

»Sie lügen«, sagte sie. »Das hat sie *nicht* gesagt!«

Ihre Stimme war kalt, aber ihr Blick flackerte.

»Jetzt erzählen Sie mir endlich, was in dieser Nacht passiert ist!«, sagte Thiel eindringlich und sah nervös zur Verandatür. Tatsächlich tauchte Helena dort auf, bevor ihre Mutter auf seine Frage reagiert hatte.

»Ich weiß es jetzt wieder!«, rief sie. »*Du* warst es. Hast du ihn umgebracht? Sag's mir!«

Die beiden Frauen standen sich schweigend gegenüber und starrten sich an. Nach langen Sekunden senkte die Mutter langsam den Blick.

»Also gut«, sagte sie leise.

Helena sah sich zu Thiel um. Sehen Sie!, sagte ihr Blick, ich hatte recht. Aber auch der Schrecken darüber, die eigene Mutter verraten zu haben, stand darin.

»Sie waren in dem Zimmer«, stellte Thiel fest. »Und was haben Sie ge…«

Er verstummte. Sieglinde Stettenkamp hatte ihre Badekappe abgezogen. Ihr Schädel war vollkommen kahl.

»Was ist los?« Höhnisch funkelte sie Thiel an. »Haben Sie Ihre Sprache verloren?«

Thiel schüttelte betreten den Kopf.

»Chemotherapie«, sagte sie und zog das Handtuch über ihren Kopf. »Das Praktische daran: Ich brauche erst in frühestens drei Monaten wieder einen Kamm.«

Thiel sah zur Seite. Der Anblick hatte ihn schockiert. Krebs war eine Krankheit, die sprachlos machen konnte.

»Was ist?« Sieglinde Stettenkamps Stimme war giftig. »Wollen Sie meinen Haaren beim Wachsen zusehen? Oder weswegen sind Sie hier?«

Thiel riss sich zusammen.

»Was haben Sie in dem Zimmer gemacht?«, fragte er.

»Ich hatte einen Streit mit Franz. Es ging natürlich um seine hirnverbrannte Idee, die Firma in eine Stiftung umzuwandeln. Ausgerechnet mit *Elke Brunner* an der Spitze.«

Den Namen ihrer Vorgängerin spuckte sie voller Verachtung geradezu aus.

»Also haben Sie sich von Tobias Böhm Eisenhut besorgt und Ihren Schwiegervater vergiftet«, konstatierte Thiel.

»Nein«, sagte Sieglinde entschieden.

Thiel schien es, als zittere Helena, als ihre Mutter ihr direkt in die Augen sah.

»Ich muss Sie leider enttäuschen«, sagte sie, ohne den Blick von ihrer Tochter zu wenden. »Ich habe keine Ahnung, wer ihn vergiftet hat. Ich war es jedenfalls nicht.«

ZWÖLF

»Trampel nicht auf dem Salatbeet rum, Karl-Friedrich!«, rief Frau Keller von der winzigen Veranda her, und Boerne machte einen Satz rückwärts, als er sah, dass seine Schuhspitze tatsächlich über den Rand des sauber geharkten Beetes ragte.

Verzeihungheischend nickte er Frau Keller zu und ging dann weiter zum Gartenzaun, wo nach Frau Kellers Angaben Parzivals Lieblingsplatz gewesen war.

Der Garten grenzte an eine Weide, auf der zwei Kühe grasten, die Weide wiederum grenzte an einen Wald, an dessen Rand er eine Hütte oder etwas Ähnliches auszumachen glaubte.

Frau Keller hatte ihren Garten mit einer kniehohen Barriere aus gewelltem Kunststoff eingezäunt, zusätzlich gab es einen fast mannshohen Maschendrahtzaun, der allerdings in beklagenswertem Zustand war. Zur Weide hin klaffte ein Loch darin, groß genug, um eine erwachsene Person durchzulassen.

Boerne steckte den Kopf durch das Loch. Die beiden Kühe beäugten ihn, und er äugte zurück. Er war sich nicht sicher, ob von den Tieren Gefahr drohte, bei einem schien es sich immerhin um ein männliches Exemplar zu handeln, wenngleich augenscheinlich noch nicht ausgewachsen, aber als er wieder zum Haus sah, wo mit verschränkten Armen Frau Keller stand und kopfschüttelnd auf ihn heruntersah, entschied er sich, das Risiko einzugehen.

Er stieg durch das Loch. Zu seiner Erleichterung reichte dies, um die Tiere zu wilder Flucht zu veranlassen. Er eilte über die Weide, sorgsam darauf achtend, mit seinen Budapester Schuhen nicht in einen der zahlreichen Kuhfladen zu treten.

Die Hütte entpuppte sich als ein baufälliger Unterstand, der nach drei Seiten hin offen war. Von hier aus war Frau Kellers Garten unauffällig zu beobachten. Der Boden bestand aus morschen Bohlen.

Boerne nickte zufrieden.

Mindestens zwei Dutzend Zigarettenkippen lagen da vor ihm auf dem Boden.

***

Staatsanwältin Klemm marschierte entschlossen auf den Kaffeeautomaten zu. Thiel lief neben ihr her.

»Auch wenn Sie sich auf den Kopf stellen«, brummte sie, »Sie kriegen keinen Haftbefehl gegen Sieglinde Stettenkamp.«

»Aber wir haben ihre Tochter, die sich wieder erinnert«, entgegnete Thiel.

Klemm wühlte in ihrer Handtasche nach ihrer Geldbörse.

»Sie hat ihre Mutter neben der Leiche gesehen. Na und? Das ist noch lange kein Beweis.« Sie kramte Münzen hervor und warf sie in den Schlitz des Automaten.

Nadeshda kam den Gang entlang. Als sie Klemm bemerkte, zögerte sie etwas.

»Chef, es gibt Neuigkeiten«, sagte sie verhalten. »Können Sie mal kommen …?«

»Nur raus damit«, sagte Thiel.

Nadeshda zögerte verlegen. »Ich bin Tobias Böhms Telefonrechnung durchgegangen«, sagte sie dann. »Er hat am Abend vor seinem Tod ein Taxi gerufen.«

»Aha. Wohin ist er gefahren?«, fragte Thiel.

»Weiß ich nicht ...« Nadeshda sah zu Klemm, die ihnen den Rücken zuwandte und darauf wartete, dass die große, laut brummende Kiste ihren Kaffee aufbrühte.

Thiel sah Nadeshda verblüfft an.

»Dann fragen Sie doch den Taxifahrer, dürfte ja nicht so schwer sein. Sie sind doch sonst nicht so auf den Kopf gefallen.«

»Äh, ja«, sagte Nadeshda mit einem erneuten Seitenblick auf Klemm. »Habe ich versucht. Aber er wollte mir nicht weiterhelfen.«

»Was?«, fauchte Thiel. »Dann holen Sie diesen gottverdammten ...«

Nadeshda sah zur Decke, und Thiel brach seinen Satz ab. Er sah schnell zu Klemm, die noch mit ihrem Kaffee beschäftigt war, dann wieder zu Nadeshda.

Bitte nicht, sagte sein Blick.

Leider doch, antwortete der ihre, und Thiel räusperte sich heftig.

»Ja, äh, ich, ähm, bin gleich wieder da«, sagte er zu der Staatsanwältin, die ihm verdutzt hinterhersah, als er den Gang entlanglief.

***

»Hätte nur noch gefehlt, dass ihr mich in Handschellen abgeführt hättet«, maulte Herbert Thiel seinen Sohn an. »Wie stehe ich jetzt da, vor meinen Kollegen?«

Herbert holte sein Tabakpäckchen hervor und begann, eine Zigarette zu drehen. Er saß auf dem Besucherstuhl vor Thiels Schreibtisch. Thiel saß ihm gegenüber und versuchte, die Beherrschung zu bewahren, was ihm schwerfiel.

»Du hättest einfach nur telefonisch ein paar Fragen beantworten müssen. Aber nein, du musstest ja wieder deinen Dickschädel durchsetzen!«, sagte er heftig.

Herbert unterbrach die Zigarettenherstellung und sah ihn böse an. »Ich bin nicht dein V-Mann!«, bellte er.

Thiel bemerkte, wie die Hitze in seine Wangen stieg, und vermutete, dass er rot anlief. Mit den Fingerspitzen massierte er seine Schläfen.

Herbert runzelte die Stirn und beugte sich vor. »Geht's dir nicht gut? Du siehst krank aus.«

»Nein«, sagte Thiel. »Mir geht's nicht gut. Und du weißt auch warum. Über das Geld, das du mir schuldest, reden wir später.«

Herbert machte eine entschuldigende Geste. Konnte ja nicht ahnen, dass du dich gleich so aufregst, sollte sie wohl bedeuten, jedenfalls verstand Thiel sie so. Er stand auf, stützte die Fäuste auf die Tischplatte und beugte sich drohend vor.

»Jetzt will ich erst mal wissen, wohin du Tobias Böhm in der Nacht vor seiner Ermordung gefahren hast!«, sagte er lautstark.

»Ich habe ihn *nirgendwohin* gefahren«, sagte Herbert und steckte sich die fertige Zigarette in den Mund.

»Lüg mich nicht an!«, brüllte Thiel und knallte die Faust auf den Tisch.

»Ich lüg dich nicht an. Ich kenn den Kerl überhaupt nicht.«

Thiel kniff misstrauisch die Augen zusammen.

»Ich habe jemanden *zu* ihm gebracht«, sagte Herbert und suchte nach seinen Streichhölzern. »Und wieder abgeholt.«

»Wen?«, fragte Thiel.

»Das kann ich dir nicht sagen.« Herbert zündete ein Streichholz an.

»Jetzt langt's aber hier!« Thiel stürmte um den Schreibtisch herum auf seinen Vater zu. Er schlug ihm das Heftchen und das brennende Zündholz aus den Händen. Beides flog durch den Raum. Dann riss er ihm die Zigarette aus dem Mund.

»Wer war es?«, brüllte er.

Herbert duckte sich auf seinem Stuhl, als habe er Angst, eine geschossen zu bekommen, wie Thiel zufrieden feststellte. Das hätte er zwar nie gemacht, aber das musste er dem Alten ja nicht gerade jetzt auf die Nase binden.

»Schon gut«, murmelte Herbert. »Es war Cornelius Stettenkamp.«

Thiel ließ die Schulter sinken – das wurde ja immer besser. Noch ein Puzzleteil, von dem er sehen konnte, wie er es im Bild unterbrachte.

»Was hat Cornelius Stettenkamp denn bei Tobias Böhm gemacht?«, fragte er.

»Keine Ahnung. Woher soll *ich* das wissen?«, antwortete Herbert schulterzuckend.

»Vaddern, jetzt lüg mich nicht an! Du …«

Er wurde von der auffliegenden Bürotür unterbrochen. Boerne kam ins Büro gestürmt, hinter ihm blieb Nadeshda in der Tür stehen.

»Ich hab die Zi…« Boerne bremste sich, als er Herbert bemerkte. Irritiert sah er zwischen Thiel und dessen Vater hin und her.

»Bin gleich wieder da«, sagte Thiel zu Herbert und schob Boerne aus dem Büro. Er schloss die Tür und lehnte sich dagegen.

»Was macht denn Ihr –«, begann Boerne und deutete auf die Tür.

»Tut nichts zur Sache«, sagte Thiel. »Was gibt's?«

»Ich habe die Zigarettenstummel analysiert. Alle stammen von Tobias Böhm«, sagte Boerne, aber er sah immer noch auf die Tür. »Nur bei einem habe ich Speichelspuren einer anderen Person entdeckt.«

»Also haben Tobias Böhm und irgendein Komplize den Hund Ihrer Exlehrerin vergiftet«, sagte Thiel.

»Vermutlich«, sagte Boerne und wies erneut auf die Tür. »Wieso ist denn –?«

»Vergessen Sie's«, unterbrach ihn Thiel.

»Aber wozu hat Tobias das getan?«, fragte Nadeshda.

»Vermutlich wollte er das Gift ausprobieren«, sagte Thiel.

»Ja, aber warum gerade am Hund einer armen alten Lehrerin?«, fragte Nadeshda.

Wie von der Tarantel gestochen fuhr Boerne zu ihr herum. »Aus Rache!«, entfuhr es ihm.

Nach Nadeshdas Blick zu urteilen, wusste sie nicht allzu genau, wie sie Boernes Ausbruch einzuordnen hatte.

Sogar Boerne bemerkte das. Er räusperte sich und strich sich eine Haarsträhne hinters Ohr.

»Könnte ich mir jedenfalls vorstellen«, sagte er dann leichthin.

Thiel entdeckte Frau Klemm, die gerade den Flur entlangkam.

»Frau Klemm!«, rief er. »Wir brauchen einen Haftbefehl.«

Die Staatsanwältin sah ihn spöttisch an. »Schon wieder?«, fragte sie. »Ich hatte Ihnen doch gesagt –«

»Diesmal für *Cornelius* Stettenkamp«, unterbrach Thiel sie.

Sie stieß ein heiseres Raucherlachen aus. »Die Familie haben Sie wirklich gefressen, was?«

Thiel machte eine abwehrende Geste. »Cornelius Stettenkamp hat mich angelogen. Mir hat er gesagt, er kenne Tobias Böhm nicht. Dabei war er am Abend vor dem Mord bei ihm zu Hause.«

Klemm zog skeptisch die Brauen hoch. »Und das können Sie beweisen?«, fragte sie.

Thiel schaffte es nicht, ihrem Blick standzuhalten. Er sah zur Seite. »Es gibt einen ... Zeugen«, sagte er leise.

»Und wer ist das?«, fragte Klemm.

In diesem Moment wurde in Thiels Rücken seine Bürotür geöffnet, und Herbert trat auf den Gang.

»Ich widerrufe meine Aussage«, sagte er entschieden. »Ich verrate meine Freunde nicht an die Polizei.«

Thiels Mund klappte auf. Klemm schüttelte ungläubig und amüsiert den Kopf.

»Tja, ich denke, das klären Sie erst mal untereinander«, sagte sie. Sie verabschiedete sich mit einem Nicken und ging den Flur hinunter zum Treppenhaus.

»Moment ...«, rief Thiel ihr hinterher, aber sie drehte sich nicht um. Nadeshda wies mit einem unschuldigen Lächeln auf ihr Büro und verschwand ebenfalls.

»Ich muss auch los«, sagte Boerne, »ich hab noch im Institut zu tun.«

Damit stand Thiel allein mit seinem alten Herrn auf dem Flur.

»Tja«, sagte Herbert, offenbar sehr zufrieden mit sich. »In meiner Generation steht man noch ein für seine Überzeugung. Für die bin ich sogar schon mal ins Gefängnis gegangen.«

Damit wollte auch er sich verabschieden, aber Thiel stoppte ihn, indem er ihm die Hand auf die Brust legte.

»Was ist?«, fragte Herbert alarmiert.

»Du bringst mich auf eine Idee«, sagte Thiel, und ein

kleines, böses Lächeln erschien auf seinem Gesicht. »Eine *sehr* gute Idee ...«

***

Der Seminarraum, zu dem ihn die Univerwaltung geschickt hatte, war leer. Thiel sprach einen vorbeikommenden Studenten an und erfuhr, dass Professor Stettenkamp bei Sonnenschein gern im Park unterrichte.

Thiel fand die Gruppe bald unter einer Kastanie. Etwa zehn Studenten saßen und lagen auf dem Rasen um Stettenkamp herum, der an den Baum gelehnt stand und dozierte. Die jungen Leute lauschten konzentriert seinen Worten.

»Kain erschlug seinen Bruder Abel, aber die Tat war nicht gegen ihn gerichtet, sondern gegen Gott. Es war die erste Rebellion gegen eine Obrigkeit. Es war die erste Bluttat, die im Namen der Freiheit geschah«, hörte Thiel ihn vortragen, als er näher kam.

Als Stettenkamp ihn wahrnahm, erschien ein melancholisches Lächeln in seinen Mundwinkeln.

»Entschuldigt mich«, sagte er. »Die Staatsgewalt ist da.«

Er verließ den Kreis seiner Studenten und kam zu Thiel, der ein paar Meter entfernt auf ihn wartete. Thiel bemerkte, dass ihn einige der jungen Damen und Herren durchaus ablehnend musterten.

»Herr Kommissar?«, sagte Stettenkamp zur Begrüßung.

»Sie haben mich angelogen«, sagte Thiel. »Was haben Sie denn bei Tobias Böhm gemacht, am Abend vor seinem Tod?«

Stettenkamp schwieg und sah ihn abwartend an.

»Ich gehe davon aus, dass Sie das vergiftete Konfekt

abgeholt haben und Ihre Gattin Sieglinde es verabreicht hat.«

Stettenkamp lächelte dezent amüsiert.

»Und damit wäre ich der erste Philosoph in der Geschichte, der sich der Beihilfe zum Mord schuldig gemacht hat«, sagte er. »Zugegeben, das hätte was. Aber leider muss ich Sie mit meiner Unschuld enttäuschen.«

Das Handy in Thiels Jacke begann, seine Melodie zu dudeln.

»Bitte sehr«, sagte Stettenkamp großzügig und ging zurück zu seinen Studenten.

Es war Nadeshda, die anrief.

»Wir haben den Haftbefehl«, sagte sie. »Ihr Vater hat seine Aussage bestätigt.«

»Na wunderbar«, sagte Thiel erleichtert. »Und wie geht's ihm?«

»Wir haben ihn gehen lassen. Aber er lässt ausrichten, dass er nichts mehr mit Ihnen zu tun haben will.«

Thiel lachte unfroh auf. »Schön wär's«, sagte er.

»Brauchen Sie Unterstützung?«, fragte Nadeshda.

»Nee, nee«, sagte er. »Geht schon.«

Er steckte das Handy ein und wandte sich wieder Cornelius Stettenkamp zu. Die Studenten standen nun um ihren Professor herum, als wollten sie ihn vor ihm beschützen.

»So, Herr Stettenkamp«, sagte Thiel und schlenderte entspannt auf die Gruppe zu. »Ich denke, die Handschellen können wir uns sparen, oder?«

»Wie bitte?«, antwortete Stettenkamp, der offensichtlich nicht glaubte, was er gerade gehört hatte.

»Ich verhafte Sie wegen dringenden Tatverdachts auf Beihilfe zum Mord«, sagte Thiel ruhig.

»Halten Sie das nicht für etwas übertrieben?«, fragte

Stettenkamp, für Thiels Geschmack etwas zu sehr von oben herab, selbst wenn er einen Kopf größer als Thiel war.

Ein bulliger junger Mann aus der Gruppe trat dicht an ihn heran.

»Gibt's Ärger?«, fragte er Stettenkamp.

»Hast du 'n Problem oder was?«, blaffte Thiel ihn an, aber der Bursche ließ sich nicht so leicht beeindrucken.

»Ja«, antwortete er, ohne einen Zentimeter zurückzuweichen.

Eine junge Frau trat ebenfalls heran. »Der Rechtsstaat ist gestorben«, sagte sie höhnisch. »Er hat's nur noch nicht gemerkt.«

Thiel sah zur Seite und atmete einmal tief durch.

»Leute«, sagte er dann, »ich hab heut schon meinen eigenen Vater ins Gefängnis gesteckt. Was meint ihr, wozu ich *noch* fähig bin?«

Der junge Mann sah ihn leicht verunsichert an, wich aber nicht von Stettenkamps Seite.

»Also haut gefälligst ab!«, brüllte Thiel ihn an und schubste ihn mit aller Kraft nach hinten. Der Bursche taumelte rückwärts, aber er hielt sich auf den Beinen. Sofort wollte er sich auf Thiel stürzen, aber Stettenkamp fiel ihm in den Arm.

»Stopp!«, rief er in die Gruppe. »Nehmen Sie's nicht so schwer. Auch Sokrates hat sich der Staatsgewalt gebeugt und den Schierlingsbecher genommen.«

Tatsächlich beruhigte die Gruppe sich halbwegs, und Stettenkamp folgte Thiel vom Gelände.

»Ich hab übrigens ein bisschen in Ihrem Buch geblättert«, sagte Thiel. »Ist schon sehr interessant. Besonders das Kapitel über ›Die Familie als Hort des Bösen‹ ... Hatten Sie da Ihre eigene Familie im Sinn?«

Der Professor lachte spöttisch. »Das ist Philosophie. Man muss abstrahieren können.«

»Von mir aus«, sagte Thiel. »Abstrakt gesprochen: Sie wollten frei sein vom Joch des übermächtigen Vaters. Konkret gesprochen: Sie haben ihn ermordet.«

»Lieber Herr Thiel«, sagte Stettenkamp sanft. »Sie kennen es doch selbst. Jeder Sohn entwickelt hin und wieder Hassgefühle gegenüber dem Vater. Aber bringt man ihn deshalb gleich um?«

»Ich bin nicht Ihr *lieber Herr Thiel*«, sagte Thiel finster. »Und ich rate allen Stettenkamps, mein Privatleben nicht mehr zu erwähnen, sonst bin ich nur noch der *böse* Herr Thiel, verstanden?«

»Schon gut …« Stettenkamp sah ihn leicht verwundert an. Aber immerhin schien er beeindruckt.

»Im Schierlingsbecher war übrigens auch Eisenhut«, sagte Thiel.

»Wirklich? Woher wissen Sie das?«, fragte Stettenkamp.

»Ich finde alles raus«, sagte Thiel.

DREIZEHN

Als Boerne die Tür zu Thiels Büro aufstieß, platzte ihm fast der Kragen.

»Ja, da kann ich mir natürlich die Finger wund wählen«, sagte er scharf, als er den ausgehängten Hörer neben Thiels Telefon liegen sah und überging dabei geflissentlich die Tatsache, dass er in Wahrheit natürlich nur einige Male die Wahlwiederholungstaste gedrückt hatte.

Thiel kehrte ihm den Rücken zu. Er hing lesend in seinem Bürostuhl und hatte die Beine auf dem Beistelltisch abgelegt. Boerne trat an den Schreibtisch und knallte den Hörer auf die Gabel, wo er hingehörte.

»Der alte Franz Stettenkamp hat seine Obduktion den Umständen entsprechend gut hinter sich gebracht und möchte jetzt gern von seiner Familie abgeholt und wieder beerdigt werden«, sagte er. »Können Sie das bitte in die Wege leiten?«

Verwundert stellte er fest, dass Thiel überhaupt nicht reagierte.

»Herr Thiel?«, sagte er und ging, als der Mann sich immer noch nicht umdrehte, um den Schreibtisch herum. »Ich brauche den Platz in meinem Kühlhaus.«

Als Thiel ihn aus den Augenwinkeln bemerkte, zuckte er vor Schreck zusammen. Beinahe wäre ihm das Buch, das er las, aus der Hand gefallen.

Kopfschüttelnd lachte er auf. »Hab *ich* mich erschrocken…«, sagte er und pulte sich die Stöpsel aus den Ohren, mit denen er sich gegen Störungen abgeschirmt hatte.

»Was lesen Sie denn da Spannendes, das Sie nicht mal mehr ans Telefon gehen lässt?«, fragte Boerne.

»Cornelius Stettenkamps neuestes Buch. ›Das ewig Böse‹. Und nun schauen Sie mal ...« Thiel wies auf einen Satz, den er angestrichen hatte. »›Alles am Weibe ist ein Rätsel‹. Das stand doch auf dem Grabstein von dem alten Stettenkamp, richtig?«

»Richtig«, bestätigte Boerne.

»Ja. Der Spruch geht aber noch weiter. ›Alles am Weibe ist ein Rätsel, und alles am Weib hat eine Lösung, sie heißt Schwangerschaft.‹«

Boerne kratzte sich am Kinn. »Schwangerschaft«, murmelte er nachdenklich.

»Schwangerschaft«, bestätigte Thiel. »Fragt sich nur, was das in unserem Fall bedeutet.«

»Jedenfalls verlassen wir hier den philosophischen Elfenbeinturm und betreten medizinisches Terrain. Und da kenn ich mich aus.« Boerne nickte entschlossen und marschierte aus dem Büro.

An der Tür kam ihm Nadeshda entgegen, die er mit einer eleganten Bewegung passieren ließ, um dann so resolut wie unbeirrt weiter seinem Ziel entgegenzustreben.

»Schlechte Nachrichten«, sagte Nadeshda zu Thiel. »Der Haftbefehl wurde aufgehoben, und Cornelius Stettenkamp ist soeben entlassen worden.«

»Wie bitte?«, entfuhr es Thiel. »Ich muss sofort die Klemm sprechen!«

»Die habe ich gerade wegfahren sehen«, sagte Nadeshda. »Sah aus, als hätte sie es ziemlich eilig gehabt.«

Thiel seufzte. Nadeshda hob das Buch auf und warf einen Blick auf den angestrichenen Satz.

»Ganz schön frauenfeindlich«, sagte sie, bevor sie hinausging.

***

Wie bei seinem letzten Besuch stellte Boerne den Porsche neben Professor Scherers Daimler ab. Der Hausmeister, der ihn wieder beobachtete, zog verschüchtert den Kopf ein und verzichtete diesmal auf eine Bemerkung. Auch die Versuche der Schwester am Eingang, ihn zu stoppen, wirkten eher halbherzig. Scherers Vorzimmer war leer, sodass auch eine Auseinandersetzung mit der Sekretärin entfiel, und Boerne stürmte ungebremst durch die Tür in Scherers Büro.

Der Professor stand bei einer Dame, die einige Röntgenbilder in der Hand hielt. Die beiden sahen ihm konsterniert entgegen.

»Pardon, aber es war niemand im Vorzimmer«, sagte Boerne mit einem Lächeln zu der Dame.

»Boerne, das geht zu weit«, sagte Scherer empört.

»Verehrter Herr Kollege, es sieht immer mehr so aus, als steckten Sie tief in einem Mordfall«, sagte Boerne kühl.

Der Mund der Dame klappte auf.

»Wenn Sie bitte für einen Moment draußen ...« Scherer deutete auf die Tür. Die Dame nickte und wollte sich in Bewegung setzen, aber Boerne nahm ihr die Röntgenaufnahmen aus der Hand und hielt sie gegen das Licht.

»Na, da haben Sie aber Glück gehabt. Scheint ja alles gut gegangen zu sein, diesmal«, sagte er und reichte ihr die Bilder zurück.

Die Dame sah ihn verstört an und flüchtete aus dem Raum.

»Boerne, das werden Sie ...«, hob Scherer an, aber Boerne schnitt ihm das Wort ab.

»Keine Zeit für die üblichen Drohungen, Kollege«, sagte er und ließ sich in den Besuchersessel fallen. »Stichwort: Schwangerschaft. Fällt Ihnen dazu was ein? Besser wär's, sonst ist Ihre Zulassung futsch.«

Scherer nahm schwerfällig hinter seinem Schreibtisch Platz und seufzte.

»Dann wissen Sie von dem DNA-Test?«, fragte er bekümmert.

Boerne hob die Brauen, aber nur leicht. Er war also auf der richtigen Fährte, und er wollte Scherer nicht merken lassen, dass der gerade unnötigerweise etwas ausgeplaudert hatte, von dem Boerne gar keine Ahnung hatte.

»Erzählen Sie mir davon«, sagte er kühl.

»Hören Sie, das ist eine alte Geschichte«, sagte Scherer. »Und Sieglinde ist eine todkranke Frau. Sie wird bald sterben.«

Boerne spitzte die Lippen und legte die Fingerspitzen gegeneinander.

»Dann hat die Therapie nicht angeschlagen?«

Professor Scherer schüttelte den Kopf. »Noch drei bis sechs Monate«, sagte er leise. »Maximal.«

Boerne senkte den Blick und schwieg für einen Moment.

»Auch wenn mich das betroffen macht«, sagte er dann, »kann ich Sie deshalb nicht vom Haken lassen.«

Professor Scherer versuchte, seinem Blick standzuhalten, aber es gelang ihm nicht.

»Der alte Franz hat mich beauftragt, einen DNA-Test machen zu lassen«, sagte er endlich.

»Warum?«

Aber nun schüttelte Scherer entschlossen den weiß behaarten Schädel. »Arztgeheimnis«, sagte er. »Wenn ich Ihnen das verrate, verliere ich erst recht meine Zulassung.«

Da war was dran, das musste Boerne ihm zugestehen. Er sah sich in dem großen Zimmer um, das neben Bücherregalen und fragwürdigen Statuen auch etliche

Schränke beherbergte, die durch elegantes Design davon abzulenken versuchten, dass sie nichts als Akten enthielten.

»Befindet sich besagter Test vielleicht in diesem Zimmer?«, fragte Boerne.

Scherers Blick fuhr unwillkürlich hinüber zu einem der schwarzen Schränke.

Boerne lächelte ihn freundlich an.

»Verspüren Sie nicht einen für Ihr hohes Alter typischen Harndrang und müssen mal für fünf Minuten austreten?«, fragte er freundlich.

Scherer ließ resigniert den Kopf hängen und blies die Backen auf. Aber schließlich stand er auf und verließ mit hängenden Schultern sein Büro.

***

»Hatten Sie als Kind Mumps?«, fragte Boerne am anderen Ende der Leitung.

Thiel runzelte die Stirn. »Ich glaub schon. Ist das irgendwie wichtig?«

»Für Sie schon«, sagte Boerne. Den Geräuschen nach schien er im fahrenden Wagen zu sitzen. »Denn als Kinderkrankheit ist Mumps relativ harmlos. Im Erwachsenenalter kann es dagegen böse Folgen haben. Unser Philosoph Cornelius Stettenkamp zum Beispiel hat ihn erst vor siebenundzwanzig Jahren bekommen. Da war er schon über dreißig. Und seitdem ist er ...« Boerne machte eine Kunstpause.

»Na, sagen Sie schon«, drängte Thiel.

»Zeugungsunfähig«, sagte Boerne mit Triumph in der Stimme.

»Zeugungsunfähig. Aha«, sagte Thiel. »Und?«

»Seit siebenundzwanzig Jahren. Klingelt da nichts bei Ihnen?«

Thiel brauchte noch eine Sekunde, bis er verstand, was der Professor meinte.

»Helena!«, rief er aus. »Helena ist erst zweiundzwanzig!«

»Bingo«, sagte Boerne.

»Wer ist dann der Vater?«, fragte Thiel.

»*Das* steht im DNA-Test, den der Großvater in Auftrag gegeben hat.«

»Und wer hat den?«

»Ich. Ich habe ihn soeben ... gefunden«, sagte Boerne und räusperte sich. »Und Sie werden nicht glauben, was ich da gelesen habe ...«

***

»Sie hätten sich keinen ungünstigeren Zeitpunkt aussuchen können«, zischte Sieglinde Stettenkamp ihnen entgegen, als sie die Böschung vom Parkplatz herunter auf den Reitplatz kamen.

»Ich weiß, ich weiß. Der Bundestrainer ist da«, sagte Thiel und nieste.

»Gesundheit«, sagte Boerne. »Wieder Ihre Pferdeallergie?«

»Scheint so«, brummte Thiel.

Helena ritt auf einem Apfelschimmel über den Springparcours. In der Mitte des Platzes standen drei Männer. Sie trugen Schreibunterlagen in den Händen und machten nach jedem Sprung Helenas eifrig Notizen.

Cornelius und Boris Stettenkamp standen neben Sieglinde Stettenkamp am Rande des Reitplatzes.

»Hätten Sie nicht wenigstens warten können, bis Helena den Parcours beendet hat?«, fragte Boris ärgerlich, ohne ein Auge von Helena und ihrem Pferd abzuwenden.

»Oh, Sie müssen verstehen, Herr Thiel ist von Berufs wegen ungeduldig«, sagte Boerne.

Helenas Pferd überwand ein besonders hohes Hindernis ohne erkennbare Probleme.

»Bravo!«, rief Thiel und klatschte laut Beifall, bis Cornelius ihn mit einem eindringlichen »Schhhh« zur Ordnung rief. Thiel steckte gelassen die Hände in die Jackentasche und wandte sich an Boris.

»Da müssen Sie als großer Bruder ja mächtig stolz sein, wenn die kleine Schwester es bis zur Europameisterschaft bringt«, sagte er. »Oder regen sich da eher so … *väterliche* Gefühle?«

Ein Ruck ging durch die drei Stettenkamps. Boris öffnete den Mund, aber er sagte nichts. Nur sichtlich mühsam gelang es ihm, die Contenance zu wahren. Er suchte den Blick von Sieglinde, aber sie stand mit verschränkten Armen da und starrte den Boden an. Cornelius gelang es am besten, den Schock zu verdauen. Reglos sah er weiter Helenas Ritt zu, als wäre überhaupt nichts geschehen.

»Vater … Bruder, die Hauptsache, es bleibt in der Familie, stimmt's, Sieglinde?«, sagte Boerne freundlich.

Sie hob den Blick und sah ihn kalt an. »Was machst du für absurde Anspielungen, Karl-Otto?«, fragte sie.

Boerne steckte die kleine Spitze locker weg.

»*So* absurd sind meine Anspielungen dann doch nicht«, sagte er und hielt die Broschüre hoch, die er in Scherers Aktenschrank gefunden hatte. »Das ist ein DNA-Test. In Auftrag gegeben von Franz Stettenkamp. Und er beweist eindeutig, dass *Boris* Helenas Vater ist.«

Boris schloss die Augen und wandte sich ab. Thiel

ging langsam auf Sieglinde zu. Sie tat es nun ihrem Mann gleich und starrte stumm geradeaus auf den Reitplatz.

»Frau Stettenkamp, wie alt war Ihr Stiefsohn eigentlich, als Sie mit ihm zusammen Helena gezeugt haben?«, fragte Thiel.

Er erhielt keine Antwort. Sieglinde starrte geradeaus.

Helenas Pferd meisterte den Wassergraben. Null Fehler.

»Na, dann wollen wir es mal zusammen ausrechnen«, sagte Thiel gelassen. »Boris ist Mitte dreißig, Helena zweiundzwanzig. Macht? ... *Dreizehn*!« Er trat dicht an sie heran, aber sie sah ihn immer noch nicht an.

»Verführung Minderjähriger nennt man das«, sagte Thiel.

Nun fuhr ihr Kopf zu ihm herum.

»Verjährt nennt man das!«, fauchte sie.

»Da haben Sie leider recht ...«, seufzte Thiel und wandte sich an ihren Ehemann. »Wie würden *Sie* so was denn Ihren Philosophiestudenten erklären, Herr Stettenkamp?«

Nun wandte endlich auch Cornelius Stettenkamp den Blick vom Geschehen auf dem Reitplatz. Er wirkte erstaunlich gefasst, als habe er schon lange oder sogar schon immer gewusst, dass es eines Tages herauskommen würde.

»Sie können keiner Frau den Wunsch nach einem eigenen Kind absprechen«, sagte er.

Er zuckte die Achseln, als wäre es bei der ganzen Geschichte um nicht mehr als die Anschaffung eines Zweitwagens gegangen.

»Und sie wollte *unbedingt* meinem Vater einen Thronfolger schenken«, fuhr er fort. »Und ich konnte leider keinen mehr zeugen.«

»Halt den Mund!«, entfuhr es seiner Frau, aber er sprach weiter.

»›Die eiserne Gräfin‹ war schon immer *sehr* ehrgeizig. Sie wollte unbedingt einen Firmenchef gebären. Also brauchte sie so was wie eine Drohne.«

Boris stieß ein hilfloses Lachen aus. »Drohne …?«, wiederholte er ungläubig.

»Aber ja«, ätzte Cornelius weiter. »Schließlich musste ja ein *echter* Stettenkamp her.«

Wieder nahm Helena ein Hindernis. Thiel hatte keine Ahnung, wie man es nannte, es bestand aus drei ziemlich hohen Sprüngen hintereinander. Immer noch null Fehler. Er nickte anerkennend.

»Sie hatten recht, Boris«, sagte er dann. »Ihre Stiefmutter hat einfach *Klasse*! Das hat wahrscheinlich auch Ihr Großvater gemerkt und wollte deshalb die ganze Familie enterben.«

»Genau«, sagte Cornelius mit maliziösem Lächeln. »Und deshalb musste Sieglinde handeln.«

»Du bist so ein *unfassbarer* Feigling!«, stieß seine Frau hervor. »Willst du etwa *mir* die Schuld zuschieben?«

Aufgebracht baute sie sich vor Cornelius auf.

»Da gibt es etwas, was Sie wissen müssen«, sagte sie zu Thiel, während sie ihrem Mann in die Augen starrte. »Als mein Schwiegervater den DNA-Test in den Händen hielt, *schlug* er Cornelius. Mitten ins Gesicht. Er nannte ihn einen Schlappschwanz.«

Vom Platz her kam das Klappern eines Balkens. Sieglinde fuhr erschreckt herum. Der Balken auf dem Hindernis wackelte, aber er fiel nicht. Null Fehler, notierten die drei Männer in der Mitte des Platzes.

Sieglinde drehte sich zurück zu ihrem Gatten. »Erinnerst du dich?«, fragte sie. »Du hast sogar geheult. Du hast gesagt, du würdest deinen Vater am liebsten umbringen.«

Cornelius lächelte milde.

»Stimmt das, Herr Stettenkamp?«, fragte Thiel.

»Ja«, antwortete Stettenkamp ohne Umschweife. »Der alte Mann konnte einen wirklich provozieren.«

Die Erinnerung daran schien ihn zu amüsieren.

Boris hatte sich auf eine Bank am Rande des Parcours sinken lassen. Mit hängenden Schultern starrte er vor sich hin.

»Was mich interessieren würde«, sagte Thiel. »Weiß Helena eigentlich, dass Sie nicht ihr Vater, sondern ihr Großvater sind?«

»Nein«, sagte Sieglinde scharf. »Und ich bitte Sie: Sagen Sie es ihr nicht. Nicht *jetzt*! Sie hat nichts damit zu tun.«

»Dann würde ich mich an Ihrer Stelle ein bisschen kooperativer zeigen«, sagte Thiel.

Helena hatte den Parcours beendet und hielt ihr Pferd in der Platzmitte bei den Trainern an. Die Herrschaften machten einen zufriedenen Eindruck, soweit das aus der Distanz zu beurteilen war. Helena jedenfalls tätschelte ihrem Pferd den Hals, dann ließ sie es auf sie zutraben.

»Also gut«, sagte Sieglinde Stettenkamp, während ihre Tochter immer näher kam. »Ich werde Ihnen gleich sagen, wie es war.«

Helena brachte ihr Pferd neben ihrer Mutter zum Stehen.

»Diesen Umlauf hab ich geschafft«, sagte sie strahlend. »Nur noch einer ... Was macht denn die Polizei schon wieder hier?«

»Wir sind nur zum Daumendrücken gekommen«, sagte Boerne fröhlich.

»Oh ... Danke«, antwortete Helena und lächelte bescheiden.

»Die Ermittlungen werden eingestellt«, log ihre Mutter ziemlich überzeugend. »Konzentrier dich jetzt.«

Anfeuernd ballte sie die behandschuhten Fäuste, und ihre Tochter galoppierte davon.

»Dann schießen Sie mal los«, sagte Thiel.

Einer der Männer auf dem Platz gab Helena ein Zeichen, und sie galoppierte auf das erste Hindernis zu. Sieglinde Stettenkamp straffte sich. Helena flog über die bunten Balken des Hindernisses und ritt auf den Wassergraben zu. Ihre Mutter ließ sie nicht aus den Augen.

»Ich habe Franz Stettenkamp und Frederick Pleikart vergiftet«, sagte sie ruhig.

Thiel und Boerne tauschten einen Blick. Boris saß auf seiner Bank und glotzte stumpf vor sich hin. Cornelius Stettenkamp sah seine Frau von der Seite an. Er wirkte auf Thiel nicht wirklich überrascht.

»Das ist doch, was Sie wollten«, stellte seine Frau fest. »Ein Geständnis.«

Helena meisterte ein weiteres Hindernis, ein hohes Gatter. Das Pferd schien zu fliegen. Null Fehler.

»Das hätten wir schon gern ein bisschen detaillierter«, sagte Thiel. »Darf ich Sie bitten, mit aufs Präsidium zu kommen?«

Sie blieb stehen, als hätte sie nichts gehört. Noch drei Sprünge blieben für Helena. Sie schaffte einen nach dem anderen, ohne einen Balken zu berühren. Die drei Männer in der Mitte nickten sich zu, und einer von ihnen zeigte Helena einen gereckten Daumen.

Helena jauchzte laut.

»Ich bin bei der EM in Barcelona dabei!«, schrie sie immer wieder heraus und ritt wilde Kapriolen.

»Ich gratuliere dir!«, rief ihre Mutter. »Ich bin sehr stolz auf dich!«

Ihre Augen leuchteten, als sie sich umdrehte.

»Wir können gehen«, sagte sie und ging ohne jemanden anzusehen und erhobenen Hauptes in Richtung Parkplatz.

Cornelius sah Helenas Freudenritt zu. Nur Boris sah Sieglinde nach. Er zog die Nase hoch.

»Das Schöne an Familiengeheimnissen ist, dass Sie irgendwann nicht mehr geheim sind«, sagte Boerne. »Hat mal ein bekannter Kriminalist gesagt.«

»Und da hatte er verdammt recht«, brummte Thiel.

***

Boerne stand neben Staatsanwältin Klemm hinter dem durchsichtigen Spiegel des Verhörzimmers. Sie sahen zu, wie Thiel das Tonbandgerät ausschaltete und Sieglinde Stettenkamp von einer Polizistin in ihre Zelle geführt wurde.

»Irgendwie bin ich enttäuscht«, sagte Boerne kopfschüttelnd. »Von einer Olympionikin hätte ich mir mehr Kampfgeist erwartet.«

Thiel kam aus dem Verhörzimmer, mit einem Gesicht, wie man es gemeinhin als »lang« bezeichnen würde.

»Also, ehrlich gesagt ...« Er steckte die Hände in die Hosentaschen, als wisse er nicht, wohin sonst damit. »Ich glaube nicht, dass sie es war«, sagte er, ohne jemand Bestimmten anzusehen.

»Ich weiß nicht, was Sie wollen«, knurrte Klemm. »Der Alte wollte sie enterben, sie hat ihn umgebracht. Pleikart ist dahintergekommen und hat sie erpresst. Klare Motive, kein Alibi, ein Doppelgeständnis.« Sie sah zu Boerne und zog die Mundwinkel hoch. »Ich fühl mich wie im siebenten Himmel.«

Nadeshda war hereingekommen. Sie hatte einen Stapel Papiere dabei, die sie Thiel nun in die Hand drückte.

»Und jetzt kommen noch jede Menge Beweise hinzu«, sagte sie. »In Sieglindes Bad haben die Spurensicherer vergiftetes Konfekt gefunden. Mit Fingerabdrücken von Sieglinde Stettenkamp.«

»Sehen Sie ...« Klemm grinste zufrieden.

»Wie auch immer ...« Boerne sah auf seine Armbanduhr. »Ich muss los.«

»Wo gehen Sie hin?«, fragte Klemm.

»Ich habe noch einen ... Parallelfall abzuschließen«, sagte Boerne.

»Parallelfall?« Klemm sah ihm verständnislos nach, aber er war schon durch die Tür.

VIERZEHN

Parzivals Beerdigung in Zita Kellers Garten fand in kleinem, aber würdigem Rahmen statt. Boerne hatte ein Loch ausgehoben, eine Tätigkeit, für die er eigentlich unpassend gekleidet war, die Frau Keller aber ganz selbstverständlich von ihm erwartete.

Sie hatten den kleinen Körper, den Boerne nach der Obduktion mit größtmöglicher Sorgfalt wieder zusammengenäht hatte, hineingelegt. Frau Keller hatte mit einer Schaufel Erde darüber gestreut und sie Boerne dann in die Hand gedrückt, damit er das Grab wieder zuschaufelte.

Angesichts ihrer emotionalen Betroffenheit hielt sie sich tapfer. Die kleine Dame stand aufrecht da und sah auf das Grab des geliebten und so hinterhältig gemeuchelten Tieres. Erst als Boerne das Holzkreuz, das sie hatte anfertigen und mit dem Namen des Pudels beschriften lassen, in den Boden trieb, stiegen ihr ein paar Tränen in die Augen.

»Manche Menschen sind einfach böse«, sagte sie. Aus irgendeinem Grund hatte sie ihr altes schwarzes Notizbuch dabei, und Boerne hoffte, dass sie daraus nicht einen Beweis vorlegen wollte, dass ihr Verdikt auch ihm galt.

»Sie waren als Kind böse, und als Erwachsene sind sie's auch noch«, setzte sie hinzu und reichte Boerne das Buch.

Etwas zögernd nahm er es entgegen. Zum ersten Mal in seinem Leben hielt er dieses materialisierte Grauen seiner Kindheit in den Händen.

Hätte es in der Nähe ein Feuer gegeben, er hätte es sofort hineingeschleudert.

»Es war meine letzte Klasse vor der Pensionierung«, sagte Frau Keller. »Noch eine hätte ich nicht durchgehalten.«

Sie sah gedankenverloren den Himmel an, und ihr Blick zeigte, dass ihre Erinnerungen nicht angenehm waren.

»Was ist passiert?«, fragte Boerne, und sofort straffte sie sich wieder.

»Schlag die letzte Seite auf«, sagte sie streng.

Boerne gehorchte eilig.

»Tobias Böhm und Helena Stettenkamp waren beide in meiner Klasse«, sagte sie. »Helena hat schon damals Turniere geritten. Aber lange Zeit war sie nur die Zweitbeste ...«

***

»Heute Morgen wurde das Pony der elfjährigen Lena Preuss, das als Favorit galt, mit Messerstichen schwer verletzt«, las Boerne vor. »Ich konnte Tobias Böhm als Täter entlarven. Der Junge gab an, er wollte Helena Stettenkamp zum Turniersieg verhelfen. Er versicherte glaubhaft, dass er auf eigene Initiative handelte. Helena hatte nicht die geringste Ahnung. Ich habe Tobias sofort von der Schule verwiesen.«

Nadeshda, die neben ihm am Tisch des Besprechungsraumes saß, blätterte suchend in ihren Aufzeichnungen.

»Das stimmt mit den Schuldaten überein«, sagte sie, als sie die Notiz gefunden hatte. »1994 wurde Tobias in ein Internat geschickt und verschwand für Jahre aus Münster.«

Thiel nickte nachdenklich. »Das ist jetzt zwölf Jahre her. Und seit dieser Zeit ...«

»... bekommt sein Vater von den Stettenkamps Unsummen an Geld für diese alberne Fußbrause«, beendete Boerne den Satz.

»Gehen wir«, sagte Thiel und zog sich seine Jacke über.

***

Johann Böhm stand in seinem weißen Apothekerkittel hinter der Ladentheke. Er hatte gerade einen Kunden verabschiedet und sah Thiel und Boerne mit dem müden, traurigen Blick entgegen, den er schon bei Thiels erstem Besuch gezeigt hatte.

Thiel steuerte auf ihn zu, während Boerne sich mit einer der zahllosen Tüten Böhm'scher Fußbrause in der Auslage beschäftigte. Er nahm sie aus dem Regal und studierte ihren Aufdruck.

»Schönen guten Tag, Herr Böhm«, sagte Thiel. »Ich hab da mal 'ne Frage. Wieso beziehen die Stettenkamps Monat für Monat für Hunderte von Euro Ihre Fußbrause? Und das seit zwölf Jahren?«

Böhm hob langsam die Schultern. »Ich verkaufe mein Mittel in ganz Europa«, sagte er mit verständnislosem Kopfschütteln. »Es ist eine der erfolgreichsten –«

»Was?«, schnitt Boerne ihm das Wort ab. »Grundlagen für die Herstellung von Sprengstoff? Erstaunlich, dass Sie dafür überhaupt 'ne Zulassung bekommen haben. Da braucht man ja 'nen Waffenschein für ...«

Böhm schwieg. Er wirkte verunsichert.

»Ihr Mittel mag ja erfolgreich sein«, sagte Thiel. »Aber zwei Kartons im Monat reichen doch für eine ganze Menge Fußbäder, oder?«

»Ich weiß natürlich nicht ... was die Stettenkamps damit gemacht haben«, sagte Böhm. Sein Blick ging fahrig zwischen Boerne und Thiel hin und her.

»Nichts«, sagte Thiel. »Sie haben die Kartons im Keller gestapelt.«

»Etwas, von dem ich unter den erwähnten feuerpolizeilichen Aspekten dringend abraten würde«, ließ Boerne sich vernehmen.

»Er hat sie eingelagert? Das ... Ich weiß auch nicht«, stammelte Böhm. Er war blass geworden.

»Dann möchte ich Ihnen mal ein bisschen auf die Sprünge helfen«, sagte Thiel. »Ihr Sohn hat damals ein Pony schwer verletzt.«

Böhm senkte den Kopf. »Sie haben es also ... herausgefunden«, murmelte er.

»Tja«, sagte Thiel und sah ihn abwartend an.

Langsam hob Böhm den Kopf wieder.

»Er wurde von ihr angestiftet«, sagte er.

Es fiel ihm sichtlich schwer, darüber zu sprechen.

»Von wem?«, fragte Thiel. »Von Sieglinde Stettenkamp?«

Ein kurzes, überraschtes Lachen entfuhr dem Apotheker. Er sah Thiel an, als sei er verwundert, wie man auf einen so abwegigen Gedanken kommen konnte.

»Von der Kleinen«, sagte er.

»Helena?« Thiel sah zu Boerne, der sichtlich ebenso erstaunt war wie er.

»Sind Sie sicher?«, fragte er. »Ich meine, wir reden von einem damals gerade zehnjährigen Mädchen.«

»Pah ...« Böhm schüttelte den Kopf angesichts dieser Naivität. »›Stallbursche‹ hat sie ihn genannt. Und mein Sohn ist hinter ihr hergedackelt. Ein kleiner Junge, der es nicht besser wusste. Der sich in eine Prinzessin verliebt hatte. So hat er sie genannt. Er hat alles gemacht, was sie von ihm verlangt hat. Alles. Sogar auf das Pony eingestochen. Mit einem Küchenmesser ...«

»Mhhm ...« Thiel nickte verstehend. »Und das durfte natürlich nicht rauskommen, sonst wäre ja der *Ruf* der Stettenkamps ruiniert gewesen ... Und statt Ihnen Schweigegeld zu zahlen, hat man Monat für Monat Ihre explosive Fußbrause gekauft.«

Böhm nickte stumm, mit gesenktem Blick.

»Als Gegenleistung haben *Sie* Ihren Sohn für etliche Jahre ins Internat verbannt«, beendete Thiel seine Zusammenfassung.

»Es ist wahr«, flüsterte Böhm, ohne sie anzusehen. »Sie haben mir gesagt, es sei das Beste für ihn ... und ich habe ihnen geglaubt. Vielleicht hab ich es glauben wollen.«

Nun sah er auf. Sein Blick war leer.

»Ich habe ihn im Stich gelassen«, sagte er heiser.

»Sie haben ihn verkauft«, sagte Boerne.

***

»Tja ... Bei Agatha Christie«, sagte Boerne und roch genießerisch an seinem Whisky, »da würde jetzt Hercule Poirot alle Verdächtigen um sich scharen und dann auf brillante Weise den Täter überführen.«

»Ja, bei Agatha Christie ...« Thiel schenkte sich von dem Malt Whisky nach, den der Professor heute statt Rotwein spendiert hatte, und ließ sich dann in die Polster seines Sofas fallen. »Aber die harte Realität ist: Es ist null Uhr sieben, wir stecken in der Sackgasse, mein Geburtstag ist vorbei, und nicht mal mein Sohn aus Neuseeland hat mich angerufen.«

Boerne sah ihn überrascht an. »Sie hatten Geburtstag? Das wusste ich gar nicht. Herzliches Beileid ... ich meine ... verzeihen Sie diese Bemerkung. Ich gratuliere Ihnen nachträglich.«

Er hob sein Glas und prostete ihm zu. Thiel stieß mit ihm an.

Der Whisky war zwar ein ziemlich schwerer, aber Thiel war er lieber als irgendein Rotwein, um den der Professor dann wieder ein Riesenbohei gemacht hätte. Er nahm einen kräftigen Schluck.

In dieser Sekunde erlosch das Licht, und sie saßen im Finstern.

»Kurzschluss?«, fragte Boerne.

»Hoffentlich«, sagte Thiel. »Oder sie haben mir den Strom abgestellt.«

»Aber doch nicht mitten in der Nacht«, sagte Boerne.

»Wieso nicht? Wenn's um ihr Geld geht, sind die fix. Mannomann. Das ist vielleicht ein Geburtstag ... Kein Strom, mein Kühlschrank ist leer, und ich habe seit Tagen nichts gegessen.«

»Das sieht man Ihnen aber nicht an«, bemerkte Boerne spitz. »Haben Sie hier irgendwo Feuer?« Er tastete über den Wohnzimmertisch und fand etwas, was sich wie ein Feuerzeug anfühlte, aber es gelang ihm nicht, es zu zünden.

»Moment mal, ich hab doch Streichhölzer«, sagte Thiel und wühlte in seiner Hosentasche nach dem Streichholzheftchen, das er seinem Vater aus der Hand geschlagen und nachher auf der Fensterbank seines Büros neben der Kaffeemaschine wiederentdeckt hatte. Er fand es und zündete eines der Hölzer an.

Im flackernden Licht des Streichholzes blickte Boerne verwundert auf den Gegenstand in seiner Hand. Es war kein Feuerzeug.

»Das ist die Zahnbürste, die ich Helena spendiert habe«, sagte Thiel.

»Kommen Sie«, sagte Boerne. »Ich habe drüben bei

mir noch einen Auflauf. Sie müssen ja schon ganz ausgehungert sein.«

»Ja, danke«, sagte Thiel und schrie auf, als das Feuer seinen Daumen erreichte. Er blies das Streichholz aus und riss ein neues an.

»Es ist erstaunlich, wie schnell man an Kraft verliert«, sagte er. »Ich hab's eben kaum geschafft, mein Fahrrad die Treppe hochzuschleppen ... Moment mal!« Nachdenklich sah er zu, wie die kleine Flamme das Hölzchen auffraß. »Wieso bin ich nicht schon früher darauf gekommen«, murmelte er. »Sieglinde hat gelogen!«

Wieder erreichte das Feuer seine Finger, und er schüttelte das Streichholz eilig aus.

»Könnten Sie mich bitte an Ihrer Erleuchtung teilhaben lassen?«, fragte Boerne.

»Sollte es uns nicht stutzig machen, dass nach Entdeckung der Leiche Sieglinde die ganze Zeit im ersten Stock geblieben ist, statt sich um ihre Tochter zu kümmern?«, fragte Thiel und zündete das nächste Streichholz an. Seine Flamme beleuchtete das Innere des Heftchens, und Thiel bemerkte eine Notiz in der krakeligen Handschrift seines Vaters.

»Karaneba, drittes Rennen, auf Platz«, stand dort.

Er drehte das Heftchen und sah sich die Vorderseite an. Sie war bedruckt mit Werbung für eine Kneipe am Hafen, deren Namen er schon einmal gehört hatte.

Von einem Kollegen vom Glücksspiel, der dort mal eine Razzia gemacht hatte.

Zum ersten Mal seit geraumer Zeit gönnte er sich ein wirklich zufriedenes Lächeln.

FÜNFZEHN

»Wir haben ihn gemessen und gewogen«, sagte Thiel. »Unser Kommissar Schneider hier hat ziemlich genau die Größe und das Gewicht von Franz Stettenkamp. Er wird also seine Rolle übernehmen.«

Schneider sah nicht sehr glücklich drein, als er sich auf den Marmorboden am Fuß der Stettenkamp'schen Treppe legte, genau an die Stelle, die Helena ihnen gezeigt hatte. Dort war ihr Großvater zusammengebrochen.

Die Familie Stettenkamp war versammelt, außerdem waren neben zwei uniformierten Kollegen auch Boerne und Klemm da. Klemm war nicht sehr amüsiert gewesen, als Thiel sie noch in der Nacht angerufen hatte, um diesen Lokaltermin zu beantragen. Aber sie hatte den Termin anberaumt.

»Sie waren auf der Treppe, als Ihr Großvater aus dem Zimmer dort kam und hier zusammenbrach«, stellte Thiel fest. »Was haben Sie dann getan?«

»Ich habe mich neben ihn gekniet«, antwortete Helena.

»Bitte«, sagte Thiel auffordernd.

Gehorsam kniete Helena sich neben Kommissar Schneider auf den Boden. Sie beugte sich vor und legte das Ohr auf seine Brust.

»Sein Herz schlug nur noch ganz schwach. Und dann hat er etwas geflüstert. Ich habe nur das Wort ›vergiftet‹ verstanden. Dann hab ich noch versucht, seinen Kopf anzuheben, aber ich glaube, da war er schon tot.«

Sie hob Schneiders Kopf mit beiden Händen an.

»Und dann habe ich in das Zimmer da geblickt, aus dem er gekommen war.«

Sie wandte den Kopf und sah in das Kaminzimmer, in dessen Tür ihre Mutter stand.

»Und dort stand Ihre Mutter, so wie jetzt?«, fragte Thiel.

Helena nickte.

»Dann bitte weiter.«

»An mehr kann ich mich nicht erinnern«, sagte Helena unsicher.

»Dann ist sie aufgestanden und aus dem Haus gerannt«, sagte Sieglinde Stettenkamp fest.

Helena stand auf und ging auf die Haustür zu.

»Danke, das reicht«, rief Thiel ihr nach, und sie kehrte zu der Gruppe zurück. »Was haben *Sie* dann gemacht?«, fragte er Sieglinde.

»Ich bin zum Leichnam gegangen.«

»Dann tun Sie das bitte jetzt auch.«

Sie ging zu Kommissar Schneider, bückte sich und versuchte, ihn von hinten unter den Armen zu packen. Es gelang ihr nur mühsam. Schneider warf Thiel einen vorwurfsvollen Blick zu, während Sieglinde Stettenkamp an ihm herumhantierte.

Als sie ihn endlich halbwegs im Griff hatte, sah sie Thiel zweifelnd an.

»Soll ich ihn jetzt etwa da hochschleppen?«, fragte sie und deutete mit dem Kinn auf die Treppe.

»Ja«, sagte Thiel nur.

»Meine Herren, muss das wirklich sein?«, fragte Cornelius Stettenkamp vorwurfsvoll.

»Aber natürlich«, antwortete Thiel ruhig. »Dazu ist ein Lokaltermin da.«

Sieglinde sah ihn hasserfüllt an, aber sie packte den

unglücklich dreinblickenden Schneider fest und zerrte ihn die erste Treppenstufe hoch. Sie kämpfte mannhaft mit dem Gewicht, aber schon nach der zweiten Stufe musste sie sich keuchend und entkräftet auf die Treppe setzen.

»Zu schwer?«, fragte Thiel süffisant. »Dann müsste Ihr Schwiegervater ebenfalls zu schwer gewesen sein.«

Sieglinde raffte sich trotzig hoch und versuchte, Schneider weiterzuziehen, aber sie schaffte die dritte Stufe nicht. Die eiserne Gräfin musste aufgeben.

»Sie wissen doch, dass sie schwerkrank ist«, wandte Boris ein.

»Eben«, sagte Thiel. »Ihr Großvater wurde am siebten Mai ermordet. Nur wenige Wochen nach ihrer Krebs-Operation. Und *während* ihrer Chemotherapie.«

»Und wenn ich mir als Mediziner erlauben darf zu bemerken ...«, sagte Boerne hinter ihm plötzlich. Thiel warf ihm einen ärgerlichen Blick zu, aber Boerne war offenbar nicht bereit, Thiel diese Hercule-Poirot-Auflösung seines Lieblingsfalles zu überlassen.

»Du kannst damals in deinem geschwächten Zustand gar nicht in der Lage gewesen sein, alleine einen achtzig Kilo schweren Mann die Treppe hoch in den ersten Stock zu schleppen«, sagte er zu Sieglinde.

»Habe ich behauptet, dass es leicht war?«, zischte sie.

»Es geht nicht um leicht oder schwer, sondern um möglich und *un*möglich«, sagte Thiel. »Sie haben dann gemeinsam mit Ihrem Mann noch einige Ablenkungsmanöver inszeniert, und am Ende waren Sie sogar bereit, alle Morde auf sich zu nehmen und die letzten Monate Ihres Lebens im Gerichtssaal oder im Gefängnis zu verbringen. Und das alles nur, um den wahren Mörder zu schützen. Cornelius Stettenkamp ...«

Thiel wandte sich um und ging auf Cornelius zu, der zwischen Helena und Boris in der Halle stand und ihm nun doch ziemlich verunsichert entgegensah.

»Sie waren bei Tobias Böhm, am Abend bevor er umgebracht wurde. Und soll ich Ihnen sagen, warum Sie da waren?«

»Um ihn zu warnen«, flüsterte Boerne leise, aber vernehmlich der Staatsanwältin neben sich zu.

Thiel senkte genervt den Blick.

»Ja ... Danke, Herr Professor«, sagte er scharf. »Ganz genau.«

Boerne lächelte betreten und winkte ihm eine kleine Entschuldigung zu.

»Weil Sie nämlich wussten, dass sein Leben auf dem Spiel steht«, fuhr Thiel in seinem Vortrag fort. »Denn Sie kennen den wahren Täter nur zu gut ... Nicht wahr, Helena?«

Er wandte sich nach links und stand nun vor der jungen blonden Frau, die perplex auf ihn heruntersah.

»Was macht einen unverdächtiger«, fragte er, »als in aller Öffentlichkeit in einer gespielten Hypnose von einem Mord zu erzählen?«

»Was?«, stieß sie hervor.

»Sie haben nicht nur Ihren Großvater umgebracht, sondern auch Tobias Böhm, der Ihnen ironischerweise auch noch selbst das Gift dafür geliefert hat.«

Helena sah hilfesuchend zu ihrem Vater, aber der erwiderte nur traurig und stumm ihren Blick.

»Und dann war noch Frederick Pleikart dran ...«

Boerne fiel ihm ins Wort. »... den Sie überlisteten, indem Sie das vergiftete Konfekt durch die Einnahme von Lidozepam neutralisierten, dem einzig wirksamen Gegenmittel zur tödlichen Eisenhutpflanze.«

Thiel merkte, dass er rot anlief. Boerne lächelte entschuldigend.

»Ich dachte, wenn ein Mediziner das sagt, kommt es eindrucksvoller«, flüsterte er ihm zu.

Thiel verzog das Gesicht.

»Oh bitte …«, er machte eine einladende Geste, »wo Sie schon mal so schön dabei sind …«

Boerne bedankte sich mit einem liebenswürdigen Lächeln. Er stellte sich in Positur und schnippte mit den Fingern, worauf sich aus der Brusttasche seines dunklen Sakkos Thiels Reisezahnbürste hervorschob.

Thiel verdrehte die Augen. Das hatte gefehlt. Nicht nur, dass Boerne ihm hier den Auftritt vermasselte, jetzt fing er auch noch mit seinen Zaubertricks an.

»Die Zahnbürste, die Sie benutzt haben …«, sagte Boerne und schob sie zurück in die Tasche. Dann präsentierte er seine leere linke Hand, ballte sie zur Faust, um dann mit der rechten umständlich ein Plastiktütchen daraus hervorzuziehen.

Thiel sah angelegentlich zur Decke, als könne etwas dort oben die Peinlichkeit der Situation mildern. Aber es blieb einfach nur eine Stuckdecke. Wenn auch eine sehr ansehnliche.

»Ihre Haare, die wir auf Thiels Gästecouch fanden«, sagte Boerne und präsentierte seinem nur mäßig staunenden Publikum das Tütchen. »Die Untersuchung weist eine hohe Konzentration an Lidozepam in Ihrem Körper nach.«

»Das beweist doch *gar* nichts«, sagte Helena.

»Aber vielleicht das …« Boerne hob den rechten Arm, stieß ihn in einer schnellen Bewegung vor und hatte plötzlich ein weiteres Tütchen in der Hand, in dem sich ein Zigarettenstummel befand. »Sie und Tobias Böhm testeten das vergiftete Konfekt zuerst an dem Pudel von Zita Keller«, sagte er und präsentierte seinem Publikum triumphierend das Tütchen. »Sie beobachteten mit Ihrem ›Stallburschen‹ das Haus Ihrer alten Lehrerin und nahmen irgendwann nur einen einzigen Zug aus der Zigarette von Tobias. Das war beim heutigen Stand der DNA-Technik genau ein Zug zu viel.«

Helena starrte ihn stumm und wütend an.

Plötzlich kam von hinten der Raucherbass von Staatsanwältin Klemm.

»Aber warum Pleikart?«, dröhnte sie.

»Pleikart hatte herausgefunden, dass Helena ihren Großvater ermordet hat«, beeilte Thiel sich zu antworten, bevor Boerne es tat. Der wirkte darauf prompt ein wenig enttäuscht. »Und damit hat er Cornelius und die Familie erpresst, ihm die Leitung der Firma zu übertragen«, setzte Thiel hinzu.

Cornelius wich seinem Blick aus, auch Boris. Sieglinde dagegen schien geradewegs durch ihn hindurchzusehen. Sie zitterte.

»Aber damit nicht genug ...« Er wandte sich wieder an Helena. »Frederick Pleikart wollte auch noch das Bett mit Helena teilen. Das war dann doch ein bisschen zu viel, hm?«

Helena sah ihm in die Augen. Ihr Blick erkaltete. Es war, als schössen plötzlich Eiszapfen aus ihren sonst so sanften Augen.

»Ja«, sagte sie nur.

»Was, ja?«, brüllte Thiel sie an. »Geben Sie es zu?«

Ein paar Sekunden rang sie noch mit sich. Dann fiel endgültig ihre Maske.

»Ja!«, fauchte sie Thiel an. »*Ich* habe Pleikart umgebracht.«

»Helena!«, schrie ihre Mutter und stürmte durch die Halle auf sie zu. »Halt den Mund!«

Aber Helena war nicht mehr zu bremsen. Ihr Gesicht war nun hassverzerrt. Nichts war mehr zu sehen von dem bezaubernden jungen Engel, als der sie sich sonst der Welt präsentierte.

Es brach aus ihr heraus.

»Und ich habe auch den alten Mann vergiftet!«, kreischte sie. »*Bastard* hat er mich genannt! Er wollte mich enterben!«

Sieglinde Stettenkamp drängte sich zwischen Thiel und ihre Tochter. »Lassen Sie sie«, versuchte sie Helena zu übertönen, »sie hat damit nichts zu tun! *Ich* hab es getan!«

Cornelius Stettenkamp versuchte, seine Frau zurückzuhalten, während Thiel sie zur Seite schieben wollte, um an Helena heranzukommen.

Das entstehende Durcheinander nutzte Helena entschlossen aus. Sie schubste Thiel ihre Mutter in die Arme und rannte zur Tür, die in den Keller führte. Kommissar Schneider, der sie festhalten wollte, griff ins Leere.

»Bleiben Sie stehen!«, brüllte Thiel und rannte hinter ihr her.

Aber er kam zu spät. Als er die Tür erreichte, war sie bereits verriegelt.

»Wir waren doch noch gar nicht fertig«, sagte Boerne indigniert.

»Wo geht's denn dahin?«, fragte Klemm und deutete auf die Tür.

»In den Keller«, sagte Thiel wütend. »Gibt's da noch 'nen andern Eingang?«

»Ja. Draußen«, antwortete Boris und wies in Richtung Haustür.

Thiel setzte sich in Bewegung, aber nach zwei Schritten blieb er stehen. »Die Fußbrause ...«, sagte er und drehte sich wieder um. »Liegen die Kisten noch da unten?«

Boris zuckte die Achseln.

»Ja. Klar. Warum?«, fragte er.

»Raus«, sagte Thiel.

Alle sahen ihn fragend an. Nur Boerne begriff sofort.

»Es wäre in der Tat ratsam, der Anweisung des Herrn Kommissars Folge zu leisten«, sagte er zu Klemm und zog sie sanft, aber bestimmt zum Ausgang.

Die Stettenkamps verstanden nicht so schnell, aber es war jetzt keine Zeit für Erklärungen.

»Raus!«, brüllte Thiel sie an. »Raus, raus, raus! Alle Mann. Das ganze Gebäude evakuieren!«

Die beiden Polizisten halfen ihm dabei, die drei verbliebenen Herrschaften aus ihrem Haus zu schubsen. Draußen rannten sie die Eingangstreppe hinunter in den Innenhof.

»Weiter!«, schrie Thiel und wies auf das Tor, hinter dem die Brücke lag.

Die Polizisten hielten die Gruppe auf Trab, bis sie durch das Tor war. Nur Boerne war bei Thiel stehen geblieben.

»Jetzt hauen Sie endlich ab hier!«, fauchte Thiel ihn an. »Hier kann jeden Moment alles in die Luft fliegen!«

»Ich hab noch nie ein Feuerwerk verpasst«, sagte Boerne, aber Thiel hörte es nicht. Er rannte bereits an der Hauswand entlang, auf der Suche nach dem Kellereingang.

»Ich versuch's mal da«, sagte Boerne und ging in die andere Richtung. Schon nach ein paar Metern stieß er auf eine Tür, die nur angelehnt war.

»Hier wäre offen!«, rief er in Richtung des Hauptkommissars, aber auch das hörte der nicht, weil er gerade unter Aufbietung seiner gesamten Körpermasse durch eine grün lackierte Lattentür in den Keller brach.

Auch nach ein paar Tagen Magerkost hatte die Tür dem Thiel'schen Kampfgewicht nur wenig Widerstand zu bieten. Schon bei seinem zweiten Anlauf gab sie splitternd nach, und Thiel stürzte hindurch und zu Boden. Er ignorierte die Prellungen und Abschürfungen, die er sich dabei geholt hatte, und rappelte sich schnellstmöglich wieder auf.

»Helena!«, brüllte er und lief in den Keller hinein.

Er probierte ein ganze Reihe Türen, bis er auf den Lagerkeller stieß.

Helena stand in der Mitte des Raumes zwischen den mit Böhm'schem Fußbrausensprengstoff vollgestopften Regalen. Ihre Linke hielt eine Blechdose mit Lösungsmittel oder etwas Ähnlichem. In die Öffnung des Behälters war ein Lappen gestopft. In der Rechten hielt Helena ein Feuerzeug.

»Bleiben Sie stehen!«, schrie sie Thiel an, als er durch die Tür kam, und hob drohend das Feuerzeug.

Thiel gehorchte. »Geben Sie mir das Feuerzeug«, sagte er eindringlich. »Das macht doch alles keinen Sinn mehr!«

»Ja, genau!«, fauchte sie zurück. »Es macht keinen Sinn mehr.«

Das Feuerzeug in ihrer Hand flammte auf. Thiel spürte einen Kloß im Hals. Wenn das hier schiefging, würde er im Wortsinne in Luft aufgelöst werden. Es würde nicht einmal was übrig bleiben, mit dem Boerne und Alberich was anfangen konnten.

Nicht dass ihm das was ausgemacht hätte, aber Todesangst war definitiv kein Gefühl, an das er sich gewöhnen wollte.

»Seien Sie doch vernünftig«, sagte er heiser. »Sie sind doch noch jung, Sie haben –«

»... das Leben noch vor sich?«, fiel sie ihm höhnisch ins Wort. »Hah hah hah! Dass ich nicht lache, blöder Bulle!« Sie hielt die Flamme an den Lappen, der sofort Feuer fing. »Ja, wenn *ihr* nicht so rumgeschnüffelt hättet! Jetzt ist alles aus. Wenn ich überhaupt rauskomme, bin ich alt und grau.«

»Helena!«, schrie plötzlich ihre Mutter vom Eingang her. Thiel sah über die Schulter. Sieglinde Stettenkamp kam hereingelaufen.

»Raus hier!«, blaffte er, aber sie lief weiter auf ihre Tochter zu. Erst als Helena »Stehen bleiben!« rief, stockte ihr Schritt.

»Helena, bitte«, sagte sie leise.

Helena brach in Tränen aus.

»Das habe ich alles nur dir zu verdanken!«, keuchte sie. »Du wolltest immer nur, dass ich so werde wie du. Aber ich bin keine ›eiserne Gräfin‹!«

Sieglinde Stettenkamp lief rot an.

»Leg das Ding weg!«, schrie sie in einer Lautstärke, die Thiel ihr gar nicht zugetraut hatte. Sie wollte auf Helena losgehen, aber Thiel hielt sie zurück.

»Stehen bleiben!«, kreischte Helena wieder und fuchtelte drohend mit der brennenden Blechdose.

Endlich kamen die beiden Polizisten hinter Sieglinde her.

Thiel drückte sie ihnen in die Arme. »Schafft sie endlich weg!«, brüllte er sie an. »Alle Mann raus hier! Alle Mann!«

Mühsam zerrten die beiden die sich wütend wehrende Frau in Richtung Tür.

Thiel drehte sich wieder zu Helena, und plötzlich wurde es um ihn sehr feucht. Und sehr kalt.

Als er die Augen wieder öffnete, fand er sich triefnass vor Helena stehend, die entgeistert auf den verloschen Molotowcocktail blickte, der neben ihr auf dem Boden lag.

Hinter ihr stand Boerne, der einen leeren Eimer in den Händen hielt.

Sieglinde Stettenkamp befreite sich wieder aus dem Griff der Polizisten und stürmte auf ihre Tochter zu.

Die beiden Frauen fielen sich in die Arme. Die heulende Helena klammerte sich an ihrer Mutter fest. Als die beiden Polizisten sie trennen wollten, versuchte Sieglinde sie mit Schlägen von ihrer Tochter fernzuhalten, aber die beiden Männer zerrten sie auseinander und trugen die beiden endlich aus dem Raum.

Wie interessant, dachte Thiel. Die Mutterliebe einer eisernen Gräfin zu einer eiskalten Mörderin.

Er fror in seinen nassen Sachen. Boerne zog sein Taschentuch aus dem Sakko und begann, umständlich an ihm herumzutupfen.

»Ich bin durch die Waschküche gekommen«, sagte er.

»Danke«, sagte Thiel. »Vielen Dank.«

SECHZEHN

»Wirklich eine reizende Familie«, sagte Thiel.
 Er saß auf dem Beifahrersitz von Boernes Porsche. Sie kamen vom Friedhof, wo Franz Stettenkamp ein zweites und letztes Mal beigesetzt worden war.
 Elke Brunner-Stettenkamp hatte sie zur Beisetzung gebeten. Sie waren neben ihr die einzigen Besucher gewesen. Am Ende hatte sie sich mit einem stummen Nicken bei ihnen bedankt.
 »Ja, wirklich reizend«, sagte Boerne. Er wies mit dem Daumen zum Rücksitz, wo ein Exemplar von Cornelius Stettenkamps Buch lag.
 »›Das ewig Böse‹ …«, fuhr Boerne fort. »Sieglinde hat mit ihrem maßlosen Ehrgeiz eine veritable Psychopathin herangezüchtet. Andererseits …«, er sah mit einem väterlichen Blick zu Thiel, »ein bisschen Bosheit ist manchmal nicht verkehrt.«
 »Hmhm«, brummte Thiel und sah auf das Streichholzheftchen, das er in der Hand hielt.
 »Die Frage ist doch: Wie viel Bosheit braucht der Mensch, um sich im heutigen Leben durchzusetzen?«
 »Können Sie da bitte mal halten?«, sagte Thiel und wies auf eine unscheinbare, schäbig wirkende Eckkneipe.
 »*Ich* zum Beispiel«, sagte Boerne und ließ den Wagen wie gewünscht davor ausrollen. »Hätte *ich* nicht im entscheidenden Moment meine böse Seite gezeigt und dem alten Scherer die Akte geklaut … der Fall wäre bis heute nicht gelöst.«
 »Ja.« Thiel öffnete die Tür. »Bin gleich wieder da«, sagte er.

»Was machen Sie eigentlich da drin?«, fragte Boerne.

»Ich muss zu meinem Parallelfall«, antwortete Thiel und zog die Kneipentür auf, von der in großen Placken der graue Lack abplatzte.

Boerne zuckte die Achseln. Er griff nach dem Buch auf dem Rücksitz und begann, darin zu blättern.

Thiel betrat die Kneipe. Er brauchte sich nicht lange umzusehen. Sein Vater spielte Pool mit einem vierschrötigen Glatzkopf. An der Wand hinter dem Tisch standen aufgereiht drei Fernseher; auf jedem von ihnen wurde ein anderes Pferderennen übertragen.

»Moin, Vaddern«, sagte er.

Als Herbert ihn sah, schrak er zusammen. Seine Kugel verfehlte deutlich die Tasche, auf die er gezielt hatte.

»Moin …«, murmelte er.

Er wusste offenbar nicht, ob er auf trotzig oder auf die Mitleidstour machen oder einfach abhauen sollte.

Aber Thiel beachtete ihn gar nicht. Nur hinter der Theke stand ein junger Mann, sonst war niemand da, und die Art, wie der Glatzkopf ihn musterte, machte klar, dass er hier der Chef war.

Thiel stemmte die Hände auf den Rand des Pooltisches.

»Mein Vater hat hier versehentlich achttausend Euro von mir verwettet. Die hätt ich gerne wieder«, sagte er.

Der Glatzkopf stützte sich auf seinem Queue ab.

»Gewettet ist gewettet«, sagte er leise und lächelte sanft, aber in seinen Augen funkelte es bedrohlich. »Das hab ich deinem alten Herrn auch schon gesagt.«

Herbert sah Thiel unsicher von der Seite an. Aber der beachtete ihn immer noch nicht, sondern erwiderte den Blick des Glatzkopfes, ohne mit der Wimper zu zucken.

»Komm«, sagte der Mann in versöhnlichem Ton und wies mit dem Kopf in Richtung der Fernseher. »Schau dir doch einfach das Rennen an. Geht gleich los.«

Thiel griff sich die rote Drei vom Tisch und warf sie spielerisch in die Luft.

»Wusstest du nicht«, fragte er, »dass das Rennen heute ausfällt?«

Mit diesen Worten schleuderte er die Billardkugel in den mittleren der drei Fernseher, dessen Röhre mit einem dumpfen Knall implodierte. Der Glatzkopf machte eine erschreckte Bewegung zur Seite. Als Thiel nach der schwarzen Acht griff, ging Herbert Thiel hinter dem Pooltisch in Deckung.

»Was war denn das für ein Krach drinnen?«, fragte Boerne, als Thiel wieder in den Porsche stieg.

»Nichts Besonderes«, sagte Thiel.

Boerne legte das Buch wieder auf den Rücksitz. »Also wo war ich stehen geblieben?«, dozierte er weiter. »Das Böse *richtig* einsetzen. Das müssen Sie unbedingt lernen, Thiel. Sie sind manchmal zu gutmütig. Geradezu ... treudoof.«

Thiel hielt ihm ein Bündel Geldscheine unter die Nase.

»Zwei Monatsmieten«, sagte er. »Tausendfünfhundert.«

Einigermaßen verblüfft nahm Boerne die Scheine entgegen und sah mit einem Seitenblick, dass Thiel ein weiteres, nicht unerheblich dickeres Bündel Scheine lässig in die Hemdtasche steckte.

»Wir können«, sagte Thiel und schnallte sich an.

Noch einmal sah Boerne zu ihm hinüber. Wie er jetzt so dasaß, mit diesem zufriedenen Lächeln ...

Manchmal war ihm dieser Polizist geradezu unheimlich.

Vorsichtshalber zählte er das Geld noch einmal nach, bevor er den Motor startete. Schließlich kann man nie wissen, wo »Das ewig Böse« so auf einen lauert.

Das Erste

rbb
RUNDFUNK BERLIN-BRANDENBURG

Oliver G. Wachlin
BLINDER GLAUBE
Kriminalroman nach der gleichnamigen
ARD-Serie »Tatort«
© Das Erste / Rundfunk Berlin-Brandenburg (rbb)
Agentur: WDR mediagroup licensing GmbH
Nach dem Tatort-Krimi von Andreas Pflüger
Broschur, 160 Seiten
ISBN 978-3-89705-660-2

»Hitverdächtig. Auf die Bestsellerverfilmung folgt nun die Quotenhitverschriftlichung.« tvmedia

mdr

Oliver G. Wachlin
TODESSTRAFE
Kriminalroman nach der gleichnamigen
ARD-Serie »Tatort«
© Das Erste / MDR, Lizenz durch Telepool GmbH
Agentur: WDR mediagroup licensing GmbH
Nach dem Tatort-Krimi von Mario Giordano
und Andreas Schlüter
Broschur, 176 Seiten
ISBN 978-3-89705-665-7

»Der gelungene Einstieg eines neuen Teams.«
Kriminalakte

radiobremen

Christoph Ernst
STRAHLENDE ZUKUNFT
Kriminalroman nach der gleichnamigen
ARD-Serie »Tatort«
© Das Erste / Radio Bremen
Agentur: WDR mediagroup licensing GmbH
Nach dem Tatort-Krimi von Christian Jeltsch
Broschur, 160 Seiten
ISBN 978-3-89705-666-4

»Eine spannend präsentierte Story mit Aktualitätsbezug, Action und einem unvorhersehbaren Final-Twist.« www.buchwurm.de

Das Erste

WDR

Martin Schüller
DIE BLUME DES BÖSEN
Kriminalroman nach der gleichnamigen
ARD-Serie »Tatort«
© Das Erste, WDR
Agentur: WDR mediagroup licensing GmbH
Nach dem Tatort-Krimi von Thomas Stiller
Broschur, 160 Seiten
ISBN 978-3-89705-658-9

»Viel mehr als eine bloße Drehbuch-Niederschrift:
fesselndes Kopfkino für ›Tatort‹-Fans!«   Hörzu

BR

Martin Schüller
A GMAHDE WIESN
Kriminalroman nach der gleichnamigen
ARD-Serie »Tatort«
© Das Erste / BR, Lizenz durch Telepool GmbH
Agentur: WDR mediagroup licensing GmbH
Nach dem Tatort-Krimi von Friedrich Ani
Broschur, 160 Seiten
ISBN 978-3-89705-664-0

»Die Sympathie für die kleinen Leute schimmert in
der Romanfassung vielleicht sogar etwas stärker als
im Film durch. Ein guter Krimi.«   Kriminalakte

SR

Martin Conrath
AUS DER TRAUM ...
Kriminalroman nach der gleichnamigen
ARD-Serie »Tatort«
© Das Erste / Saarländischer Rundfunk
Agentur: WDR mediagroup licensing GmbH
Nach dem Tatort-Krimi von Fred und
Léonie-Claire Breinersdorfer
Broschur, 176 Seiten
ISBN 978-3-89705-661-9

»Die Charaktere werden plastisch gezeichnet.«
Kriminalakte

Das Erste

NDR

Hannes Nygaard
ERNTEDANK
Kriminalroman nach der gleichnamigen
ARD-Serie »Tatort«
© Das Erste / NDR, lizenziert durch Studio Hamburg
Distribution & Marketing GmbH
Agentur: WDR mediagroup licensing GmbH
Nach dem Tatort-Krimi von Angelina Maccarone
Broschur, 176 Seiten
ISBN 978-3-89705-659-6

»Hannes Nygaard, der seit vielen Jahren Kriminalromane schreibt, die im norddeutschen Raum, vor allem in der Gegend um Husum spielen, hat sich dieses Tatorts angenommen.« NDR 1 Niedersachsen

SWR

Susanne Kraft
SEENOT
Kriminalroman nach der gleichnamigen
ARD-Serie »Tatort«
© Das Erste / Südwestrundfunk (SWR),
lizenziert durch SWR Media Services GmbH
Agentur: WDR mediagroup licensing GmbH
Nach dem Tatort-Krimi von Dorothee Schön
Broschur, 208 Seiten
ISBN 978-3-89705-663-3

»Der idyllische Bodensee wird zum Schauplatz blutiger Verbrechen.« Auf einen Blick

SWR

Martin Conrath
VERMISST
Kriminalroman nach der gleichnamigen
ARD-Serie »Tatort«
© Das Erste / Südwestrundfunk (SWR).
lizenziert durch SWR Media Services GmbH
Agentur: WDR mediagroup licensing GmbH
Nach dem Tatort-Krimi von Christoph Darnstädt
Broschur, 160 Seiten
ISBN 978-3-89705-735-7

»Zwanzig Jahre Lena Odenthal: Krimiautor Martin Conrath ist eine packende Romanfassung des Jubiläums-TV-Stoffs gelungen.«

Das Erste

Martin Schüller
MOLTKE
Kriminalroman nach der gleichnamigen
ARD-Serie »Tatort«
© Das Erste, WDR
Agentur: WDR mediagroup licensing GmbH
Nach dem Tatort-Krimi von Axel Götz,
Jan Hinter und Thomas Wesskamp
Broschur, 160 Seiten
ISBN 978-3-89705-734-0

»Martin Schüller hat den Grimme-Preisgekrönten Klassiker gekonnt umgesetzt: stimmig und auf den Punkt geschrieben bringt er einen der größten Momente der Fernsehgeschichte aufs Papier.«

Martin Schüller
TEMPELRÄUBER
Kriminalroman nach der gleichnamigen
ARD-Serie »Tatort«
© Das Erste, WDR
Agentur: WDR mediagroup licensing GmbH
Nach dem Tatort-Krimi von Magnus Vattrodt
Broschur, 160 Seiten
ISBN 978-3-89705-733-3

»Hier bekommt man, was draufsteht: Einen Original-Tatort mit original Tatort-Stimmung, spannend und aus einem Guss.« Münstersche Zeitung

hr

Uli Aechtner
BEVOR ES DUNKEL WIRD
Kriminalroman nach der gleichnamigen
ARD-Serie »Tatort«
© Das Erste / hr, Frankfurt
© 2009 hrMedia Lizenz- und Verlagsgesellschaft mbH
Agentur: WDR mediagroup licensing GmbH
Nach dem Tatort-Krimi von Henriette Piper
Broschur, 160 Seiten
ISBN 978-3-89705-662-6

»Romanautorin Uli Aechtner setzt die packende Dramaturgie des Filmplots mit ruhiger Hand um und führt die Figuren sensibel durch einen fast erschreckend realen Kriminalfall.«

Das Erste

NDR

Hannes Nygaard
BOROWSKI UND DIE EINSAMEN HERZEN
Kriminalroman nach der gleichnamigen
ARD-Serie »Tatort«
© Das Erste / NDR, lizenziert durch Studio Hamburg
Distribution & Marketing GmbH
Agentur: WDR mediagroup licensing GmbH
Nach dem Tatort-Krimi von Thomas Schwank
Broschur, 160 Seiten
ISBN 978-3-89705-745-6

RUNDFUNK BERLIN-BRANDENBURG

Oliver G. Wachlin
TODESBRÜCKE
Kriminalroman nach der gleichnamigen
ARD-Serie »Tatort«
© Das Erste / rbb Rundfunk Berlin-Brandenburg (rbb)
Agentur: WDR mediagroup licensing GmbH
Nach dem Tatort-Krimi von Frauke Hunfeld
Broschur, 160 Seiten
ISBN 978-3-89705-746-3

Oliver G. Wachlin
SCHWARZER PETER
Kriminalroman nach der gleichnamigen
ARD-Serie »Tatort«
© Das Erste / MDR, Lizenz durch Telepool GmbH
Agentur: WDR mediagroup licensing GmbH
Nach dem Tatort-Krimi von Katrin Bühlig
Broschur, 160 Seiten
ISBN 978-3-89705-744-9

Das Erste

Martin Schüller
DAS EWIG BÖSE
Kriminalroman nach der gleichnamigen
ARD-Serie »Tatort«
© Das Erste / WDR
Agentur: WDR mediagroup licensing GmbH
Nach dem Tatort-Krimi von Rainer Matsutani
Broschur, 160 Seiten
ISBN 978-3-89705-748-7

Martin Schüller
DAS PHANTOM
Kriminalroman nach der gleichnamigen
ARD-Serie »Tatort«
© Das Erste / WDR
Agentur: WDR mediagroup licensing GmbH
Nach dem Tatort-Krimi von Norbert Ehry
Broschur, 160 Seiten
ISBN 978-3-89705-747-0

BR

Hannsdieter Loy
STARKBIER
Kriminalroman nach der gleichnamigen
ARD-Serie »Tatort«
© Das Erste / BR Bayerischer Rundfunk
Agentur: WDR mediagroup licensing GmbH
Nach dem Tatort-Krimi von Michael Wogh
Broschur, 176 Seiten
ISBN 978-3-89705-743-2